Manual de Psicometria

Tereza Cristina Erthal

Manual de Psicometria

8ª reimpressão

ZAHAR

Jorge Zahar Editor Ltda.
rua Marquês de S. Vicente 99 – 1º andar
22451-041 Rio de Janeiro, RJ
tel. (21) 2529-4750 / fax (21) 2529-4787
editora@zahar.com.br
www.zahar.com.br

8ª reimpressão: 2012

Capa: Carol Sá e Sérgio Campante

CIP-Brasil. Catalogação-na-fonte
Sindicato Nacional dos Editores de Livros, RJ

Erthal, Tereza Cristina, 1955-
E69m Manual de psicometria / Tereza Cristina Erthal. – Rio de Janeiro: Zahar, 1987.

Inclui bibliografia
ISBN 978-85-7110-341-2

1. Psicometria. I. Título.

CDD: 150.724
09-0765 CDU: 159.938.3

Sumário

AGRADECIMENTOS

Meus agradecimentos à inestimável ajuda prestada pelo professor Aroldo Rodrigues, pelo incentivo e ensinamentos proporcionados; à professora Maria Ignês da Silva Sanz, pela troca de conhecimentos, o que muito ajudou a enriquecer este livro; aos ex-alunos e amigos das faculdades onde lecionei — Faculdade Humanidade Pedro II e Escola Superior de Ensino Celso Lisboa — e atuais alunos da Pontifícia Universidade Católica do Rio de Janeiro, pela experiência obtida nesses contatos enriquecedores; à professora Ana Maria Feijóo, ex-companheira da disciplina e com quem iniciei este trabalho; a todos os que de uma forma ou de outra colaboraram para a elaboração deste trabalho, em suas diferentes etapas, e ao Departamento de Psicologia da PUC/RJ, que me proporcionou a chance de enriquecer meus conhecimentos incentivando-me nessa jornada.

Um agradecimento especial à professora Maria Alice Bogossian, com quem iniciei o meu aprendizado na área e que infelizmente não poderá tomar conhecimento do testemunho dessa gratidão.

*Aos meus pais — primeiros incentivadores
ao meu trabalho intelectual.*

*Aos meus filhos — Daniel e Rodrigo —
razão pela qual eu luto.*

PREFÁCIO

Segundo Westaway, "quanto mais a medida exata entra num setor da ciência, mais desenvolvido é este setor" (*Scientific Method: Its Philosophical Basis and Its Modes of Application*, 1937, p.271). Não há como negar que as ciências humanas são muito mais complexas que as ciências da natureza, muito mais recentes do que estas e, conseqüentemente, muito menos desenvolvidas. Não obstante, esta realidade não serve de justificativa para que se negligencie o aprimoramento dos métodos da medida em psicologia.

A psicologia, mais do que qualquer outro setor das ciências sociais e humanas, logrou aperfeiçoar seus métodos de medida. E faz-se mister que continue desenvolvendo-os e burilando-os. Lamentavelmente, no Brasil, apesar da psicologia ser uma profissão regulamentada por lei há 25 anos, o reconhecimento do valor da medida nessa disciplina não é partilhado pela maioria dos psicólogos. Tempo precioso é gasto por professores e alunos recalcitrantes em admitir a cientificidade do saber psicológico, no combate à possibilidade de mensuração de fenômenos psicológicos. Infelizmente, este tempo é literalmente perdido, pois as críticas partem de pessoas que combatem o que desconhecem, resultando, assim, infrutíferos seus argumentos. Seria desejável (e realmente proveitoso) que aqueles que se opõem *a priori* à quantificação em psicologia se dessem ao trabalho elementar de, primeiramente, compreender *o que se entende por mensuração de fenômenos psicológicos* para, em seguida, criticar aquilo com que não concordam. Em meus 30 anos de contato quotidiano com a psicologia no Brasil, ainda não encontrei uma crítica sequer à quantificação em psicologia que revelasse, por parte de seu autor, conhecimento competente do objeto de sua crítica.

É conhecida a razoável aversão que nós, povos latino-americanos, temos pela medida e a quantificação em geral. Tradições históricas explicam este fenômeno. Os cursos de estatística, pesquisa, psicometria e outros que se utilizam de números, equações matemáticas e computação em geral não figuram entre os preferidos por nossos alunos dos cursos de ciências sociais e humanas. Privilegiados em sua preferência são os cursos que tratam de problemas epistemológicos, fenomenológicos, psicopatológicos, etc... Embora estes últimos sejam importantes e, até mesmo, imprescindíveis a uma boa formação do psicólogo, é lamentável que os cursos que lidam com aspectos quantitativos sejam tão desdenhados por estudantes e até pelos organizadores de currículos em nossos Departamentos de Psicologia.

O livro da professora Tereza Cristina Erthal tem o grande mérito de ser um livro sobre mensuração escrito por uma professora brasileira. Ademais, sendo a autora, além de professora universitária, uma profissional que aplica seus conhecimentos psicométricos à sua atividade clínica particular, o livro assume um significado especial, de vez que constitui um testemunho vivo, prestado por uma psicóloga aplicada, da necessidade do estudo da mensuração psicológica para uma formação sólida e adequada do psicólogo, seja qual for sua futura área de especialização.

O livro é introdutório, esmera-se em tornar o material acessível, mesmo aos que não acreditam possuir vocação para lidar com números e medidas, e apresenta aos estudantes dos primeiros semestres do curso de psicologia as noções básicas sobre as características gerais de testes, escalas e medida. A maneira amena de apresentar os princípios introdutórios a estes temas deverá motivar o aluno a aprofundá-los em livros mais avançados. Para os que não se convenceram da necessidade e do valor da mensuração em psicologia, este livro lhes dará, pelo menos, o mínimo indispensável para uma avaliação mais justa do papel da medida em psicologia.

Se complementado com textos mais avançados (que constam da bibliografia apresentada), este manual fornecerá ao estudante de graduação uma boa visão do setor da psicologia conhecido como *psico-*

metria. Trata-se de um dos pouquíssimos livros brasileiros do gênero, o que o torna uma importante contribuição à psicologia em nosso país e faz sua autora merecedora de nossos agradecimentos e de nossos elogios.

AROLDO RODRIGUES
Coordenador do mestrado
da Univ. Gama Filho
Orientador dos cursos de mestrado
e doutorado da FGV

INTRODUÇÃO

Este guia de estudo pretende que aqueles que se dedicam às ciências humanas, e mais especificamente à psicologia, possam conscientizar-se da importância da psicometria e também familiarizar-se com seus conceitos. "Para muitos estudantes, isso constitui um fato indesejável. Optaram pela psicologia para aumentar seu entendimento das razões por que eles e as pessoas que conhecem, sentem e agem da maneira como fazem acabaram se encontrando a braços com conceitos que parecem muito remotos das preocupações humanas: desvios-padrão, distribuição de freqüência, probabilidades. Não surpreende que se revoltem e protestem a respeito dos requisitos fixados para os cursos de psicologia que escolheram. Põem em dúvida a importância dos conceitos matemáticos e das formulações quantitativas para pessoas cujo objetivo é obter um conhecimento operacional da psicologia. Mas a verdade é que o pensamento quantitativo constitui atualmente uma característica essencial e não periférica da psicologia" (Tyler, 1973). Sem os métodos quantitativos, não se podem extrair conclusões fidedignas na pesquisa do comportamento humano.

A psicologia, caminhando para ser uma disciplina científica, precisa comunicar de forma precisa seus resultados de estudos de pesquisa. Não há comunicação precisa sem quantificação do objeto a ser estudado.

No entanto, não é pretensão deste trabalho exaurir todo o assunto que a psicometria engloba em apenas um guia de estudo, mas elucidar assuntos que apenas se consideram básicos para a sua compreensão. Pretende-se dar uma visão dos princípios, métodos e problemas gerais da psicometria, de forma a que o leitor possa adquirir uma boa formação na disciplina.

Inicialmente, é apresentado o histórico das medidas com a intenção de demonstrar ao estudante sua repercussão na área da psicometria. Introduzido o processo de quantificação, descrevem-se seus níveis sofisticados de medida, técnicas e instrumentos de avaliação variados. O teste constitui o principal instrumento, não por ser o melhor, mas por objetivar as informações colhidas por outros instrumentos. Sua construção é proposta, indicando-se como se estabelecem as normas, como se analisam os itens e como se atingem a validade e a fidedignidade do teste.

Em suma, o objetivo que se espera atingir com esta obra pode ser alcançado se o leitor se conscientizar da enorme importância da matéria para a construção de uma psicologia científica.

1· Histórico da Medida em Psicologia

Desde os tempos primitivos que se nota, entre os seres humanos, a preocupação de fazer observações cada vez mais acuradas do mundo ao redor. A partir da compreensível necessidade de se estimar a duração dos dias e das noites e a sucessão das estações, desenvolveram-se instrumentos de aferição do tempo. De igual modo foram surgindo meios para medir distâncias, tamanhos, capacidades e outros. Bússola, relógio, microscópio, telescópio, sextante, etc. são alguns dos instrumentos que apareceram e tornaram possível a mensuração mais objetiva das magnitudes dos fenômenos naturais. Entretanto, só a partir do século XIX é que o ser humano se voltou para si próprio com o mesmo objetivo. O caminho da psicologia — e à medida que esta se tornava progressivamente mais científica — mostrou, no início do século passado, um grande desenvolvimento nas medidas de funções na fronteira entre as ciências físicas e a própria psicologia.

A psicofísica veio a constituir; através dos trabalhos de Helmholtz, Weber,* Fechner (1889) e outros, sobre limiares, audição, visão, etc., uma das maiores influências no desenvolvimento das medidas em psicologia. Por psicofísica entende-se o estudo preciso e quantitativo de como o julgamento humano se processa. É, pois, o interesse no observador humano uma de suas maiores preocupações.

Em 1816, no Observatório Astronômico de Greenwich, Inglaterra, um astrônomo percebeu que a observação que seu assistente registrava sobre a hora exata em que uma estrela cruzava as linhas das lentes do telescópio diferia da sua própria observação. A que se devia esse erro, já que as condições de observação eram as mesmas? Que

* Ambos *in* Boring, 1950.

poderia estar interferindo nos diferentes resultados? Deu-se maior atenção ao fato e se verificou haver certa freqüência nessa variação entre julgamentos de diferentes pessoas, inclusive em observações realizadas pela mesma pessoa. Esse interesse pelos erros de cálculo astronômico levou à formulação do conceito de "equação pessoal", que é a tendência que as pessoas têm a subestimar ou superestimar quantidades. Em psicologia, esse é um conceito de grande utilidade, pois, ao se medir o comportamento humano, comete-se quase sempre algum tipo de erro de observação, quer maximizando, quer minimizando os dados observados.

Mais tarde, outro conceito começa a ser formulado: "limiar de sensação". Trata-se do ponto no qual um estímulo se torna percebido pelo indivíduo. Foi Weber (*in* Boring, 1950) quem se destacou nos trabalhos sobre limiar. Posteriormente, Fechner (1889), em 1860, deu continuidade aos trabalhos de Weber. Baseou-se no postulado de que a sensação não pode ser medida diretamente, sendo, portanto, conveniente perguntar ao próprio sujeito se uma sensação está presente ou não. Demonstrou que a lógica e os métodos da ciência poderiam ser usados na medida psicológica. Com esse fim, desenvolveu métodos psicofísicos de apresentação de estímulos e elicitação de respostas.

Originalmente, os métodos psicofísicos foram empregados apenas com estímulos e reações que podiam ser observados diretamente. Atualmente, no entanto, realizam-se também numerosos tipos de medidas cujo atributo pode ser inferido, quando não se pode medi-lo diretamente (exemplo: atitudes).

Em 1879, em Leipzig, Alemanha, surge o primeiro laboratório de psicologia experimental, fundado por Wundt. Os primeiros psicólogos experimentais não se interessavam pela mensuração das diferenças individuais. Seu principal objetivo era obter uma descrição generalizada do comportamento humano. A ênfase era colocada num único sujeito, supondo ser este representativo da reação de outros indivíduos. A atenção voltava-se, assim, mais para a uniformidade do que para as diferenças. A maior contribuição dos psicólogos nessa tarefa foi valorizar o controle rigoroso das condições de observação, ou seja, a necessidade de se dispor de condições padronizadas.

Outras influências ocorreram no desenvolvimento dos métodos de medida em psicologia. Uma delas — o crescimento da estatística — veio a favorecer o desenvolvimento das pesquisas, assim como de técnicas e instrumentos necessários à sua realização. Paralelamente a isso, surge a revolucionária teoria de Darwin a respeito da evolução das espécies. Dissidente da teoria estática do homem, ele verificou que as características da espécie humana eram desenvolvidas ao longo da evolução. Galton, influenciado por seu primo Darwin, tenta mostrar que a maioria das características pessoais é herdada. Na tentativa de verificar as semelhanças e diferenças entre pessoas afins e não-afins, criou instrumentos de medida e procurou estabelecer relações entre os resultados, fazendo uso de medidas de associação. Foi, portanto, pioneiro nos métodos de escala de avaliação e de questionário, tendo sido também o primeiro a se preocupar com a necessidade de padronização dos testes.

Pearson, gênio da estatística, deu continuidade aos trabalhos de Galton e derivou os conceitos de coeficiente de correlação, correlação parcial e múltipla, análise fatorial e início de estatísticas multivariadas.

Somente no fim do século XIX é que surgiram testes do tipo sensório-motor, como velocidade sensorial e tempo de reação. Cattell e Galton (Cattell, 1950) procuraram mensurar a inteligência através desses instrumentos. A aferição baseava-se na suposição de que o melhor tempo ocorria nos mais capazes. Apesar de não medirem o aspecto intelectual, como desejavam, deram grande contribuição, pois uniram o movimento da psicologia experimental ao movimento dos testes. Foi Cattell o primeiro a usar o termo "teste mental", em 1890 (van Kolck, 1981).

Os primeiros testes mentais práticos surgiram na França, no início do século, a partir da tradição humanista, cujo interesse era o bem-estar social. Também surgiu nessa época uma nova visão da doença e do desajustamento, com Charcot, Janet e Ribot, que assim mantiveram a tradição estabelecida um século antes com Pinel.

Binet e Simon (*in* Tyler, 1956) criticaram os testes até então desenvolvidos por serem demasiadamente sensoriais e por se concentrarem em habilidades por demais especializadas. Juntos, com o objetivo de satisfazer uma exigência prática, elaboraram a Escala Binet-Simon, que surgiu em 1905 com o intuito de investigar as possíveis causas de reprovação na escola. Foi, na verdade, a primeira tentativa sistematizada de estudar as diferenças individuais quanto à inteligência. Em 1908, a escala foi agrupada por níveis de idade; em 1911, fizeram-se pequenos aperfeiçoamentos na escala, que se estendeu até a idade adulta. Nesse período, morre Binet e a escala sofre revisões. Como instrumento preliminar, ela sofreu várias transformações. A primeira, realizada por Terman em 1916, procurou relacionar a capacidade mental à idade cronológica, introduzindo a utilização do QI — termo criado por Stern em 1912. Uma segunda revisão ocorreu em 1937, favorecendo o aparecimento de duas formas do teste: L e M. Em 1960 ocorre uma terceira revisão — as duas formas se juntaram em uma só: L-M. Reuniram-se os melhores itens de ambas as formas e eliminaram-se os considerados fracos. Foi nesta última que se introduziu o QI de desvio,

Na revisão de 1937, a escala passou a ser chamada "Escala Stanford-Binet", porque os estudos foram realizados na Universidade de Stanford. Exigiu, na verdade, quase dez anos de pesquisa.

Em decorrência da Primeira Guerra Mundial, em 1916 surgiu a necessidade de se realizar a seleção psicológica dos convocados para o Exército americano. O problema consistia em como realizar tal tarefa individualmente. Otis (especialista do Departamento de Guerra dos Estados Unidos) desenvolveu escalas de desenvolvimento mental coletivas para esse objetivo, cedendo-as posteriormente ao Exército. A primeira escala, publicada em 1918, foi chamada "Otis Group Intelligence Scale", e a segunda, em 1922, "Otis Self-Administering Tests". A primeira era apresentada em duas séries: primária (não-verbal) e avançada (verbal). A segunda abrange três séries: Otis-Alfa (verbal e não-verbal), Otis-Beta (conteúdo verbal) e Otis-Gama (também de conteúdo verbal).

Entretanto, discute-se que o primeiro teste coletivo de inteligência, medindo a capacidade intelectual, tenha sido realizado por uma comissão de psicólogos dirigidos por Yerkes: "Army Mental Test". Duas formas pertenciam ao teste — Army-Alpha (verbal) e Army-Beta (não-verbal). Utilizaram o material colhido por Otis. Foi através da construção e aplicação desses instrumentos que se permitiram a elaboração de normas e padrões estatísticos para grupos e as classificações de profissões de acordo com o nível mental. Também nessa ocasião, e para favorecer o processo seletivo em questão, elaborou-se o primeiro teste de personalidade: o Inventário de Autodescrição de Woodworth (1918), cujo objetivo era a identificação dos casos de "doenças mentais" graves. Tratava-se de uma prova precária, pois muito ainda precisava ser feito, tal como ainda ocorre hoje em dia, para se chegar à aferição desse construto.

O objetivo dos testes psicológicos, inicialmente, era medir a inteligência como um todo, mas nem todas as funções importantes estavam ali representadas. A maioria dos testes media algum aspecto da inteligência: por exemplo, capacidades especiais para percepção de espaço, forma, memória visual, etc. Um teste de inteligência geral podia oferecer uma visão global, mas não salientava componentes específicos da mesma. Do estudo estatístico (análise fatorial) da natureza da inteligência, surgiram os testes de aptidão específica e, posteriormente, as baterias de aptidão. O primeiro teste de aptidão específica foi o de Seashore, intitulado Teste de Talento Musical, surgido em 1915 (Scheeffer, 1976) e precedendo os testes coletivos de inteligência. Posteriormente surgiram os testes de aptidão mecânica, raciocínio espacial, etc.

Além da inteligência geral e de seus fatores, havia tendências dos indivíduos a desenvolverem certas habilidades. Para completar as informações que os testes davam à orientação educacional e profissional, apareceram os testes de interesse.

Os últimos a serem construídos foram os testes de personalidade, fato que se deve à complexidade prática e teórica de sua mensuração. Inicialmente surgiram os questionários, depois os testes situacionais e finalmente as técnicas projetivas. Os testes de interesse, para completar os dados provenientes dos testes de aptidão, despertaram atenção por volta de 1907. "O primeiro teste para investigar interesses profissionais adequadamente estudado foi o Inventário de Interesses de Strong, utilizado inclusive para um estudo longitudinal de dez anos de duração, empreendido com o objetivo de investigar tanto a validade do teste como a estabilidade do interesse" (Scheeffer, 1976).

Existem atualmente publicados diversos testes com o objetivo de quantificar o comportamento humano. É necessário ressaltar que não é dos testes que a psicologia se utiliza para alcançar a aferição de características psicológicas. Muitos outros instrumentos são utilizados e seu aprimoramento se tornou possível devido à maior ênfase na objetividade da mensuração e ao desenvolvimento científico e tecnológico de outras áreas.

Em suma, pode-se constatar que, ao longo do tempo, foram se aprimorando as formas de mensuração psicológica, o que favoreceu o desenvolvimento de pesquisas, com o conseqüente progresso no conhecimento científico do ser humano. É somente através de medidas objetivas e compatíveis que se pode chegar à medida dos fenômenos psicológicos com relativa confiança.

2· Introdução à Quantificação em Psicologia

2.1. Definição de Psicometria

Pode-se dizer que a *psicometria* é o conjunto de técnicas que permite a quantificação dos fenômenos psicológicos. Vê-se que a importância maior está no processo de quantificação. Por isso, torna-se necessário entender como esse processo funciona.

2.2. Mensuração e Medida

Medir significa atribuir magnitudes a certa propriedade de um objeto ou classe de objetos, de acordo com certas regras preestabelecidas e com a ajuda do sistema numérico, de forma a que sua validade possa ser provada empiricamente.

Existem algumas características importantes quanto ao processo de medir. Em primeiro lugar, ele implica sempre um resultado numérico e não frases descritivas. Assim, diz-se que o processo de mensuração é sempre *quantitativo*.

Em segundo lugar, apresenta-se em *unidades relativamente constantes*, desde que as condições de mensuração também o sejam. O sistema métrico é um exemplo dessa característica: no tempo em que o metro não existia, a jarda, o palmo, o pé, etc. serviram de medição e, evidentemente, não havia unidade constante, pois essa medida dependia das características das pessoas que realizavam tal procedimento (tamanho do braço, do pé, etc.) Essas perturbações da medida levaram à busca da uniformidade.

Em terceiro lugar, e especificamente no caso da psicologia, a medida é *relativa* por não dispor de um ponto zero absoluto, como certas variáveis da física. Não existe um ponto zero de inteligência ou um ponto zero de aptidão, embora exista um ponto zero para a variável distância ou para a velocidade de um corpo em repouso. Dessa forma, é preciso exprimir os resultados em função de algum outro quadro de referência — a média, por exemplo —, que sirva, arbitrariamente, como ponto de partida.

Se a mensuração é o processo de atribuir símbolos a objetos seguindo regras, os números atribuídos a esses objetos, ou eventos, devem representar quantidades de atributos. Com o intuito do esclarecimento, são definidos abaixo os principais termos:

1) símbolo: é o que representa o atributo medido. Exemplo: número, letra, palavra, etc.;
2) objeto: elemento para o qual a mensuração se dirige. Exemplo: em psicologia, pessoas, animais, etc.;
3) atributo: característica do objeto aferida pela mensuração. Exemplo: inteligência, atitude, tempo de reação, etc.;
4) instrumento: meio utilizado para medir o atributo do objeto. Exemplo: testes, polígrafo, questionário, etc.;
5) regras: formulações, previamente estabelecidas, que indicam os procedimentos para a atribuição de símbolos aos atributos dos objetos que determinam as relações entre o objeto e o símbolo. Exemplo: atribuição de percentil em um teste de inteligência de acordo com o número de pontos atingidos
6) situação-padrão: diz respeito ao controle de variáveis que podem interferir no resultado da mensuração, chamado medida. Exemplo: instruções padronizadas de aplicação de um teste.

2.3. Mensuração em Psicologia

Nas ciências exatas, ao contrário das ciências sociais, a medida consegue atingir grande exatidão, o que conduz ao estabelecimento de relações facilmente comunicáveis e precisas. Portanto, quando se quer medir a altura de determinado grupo de sujeitos, pode-se ser exato e objetivo, pois nesse caso a atribuição de valores está no próprio sistema métrico, o qual atribui valores às diversas alturas dos sujeitos observados de acordo com as regras de atribuição, ou seja, o uso do metro com sua escala.

Como se pode ver, o processo de medição nas ciências exatas é conceitualmente simples: Para se fazer mensuração em psicologia, contudo, o processo é bem mais complexo. O que se mede é uma variável psicológica definida como uma característica que cada indivíduo possui em diferentes níveis. Não se trata sempre de algo observável, como é o caso da maioria das variáveis físicas. O psicólogo lida quase sempre com construtos hipotéticos. Quando planeja seus experimentos, recorre, portanto, a diferentes espécies de medição que o habilitem a estimar essas variáveis, o que requer, evidentemente, alto grau de abstração. O primeiro princípio do estudo científico do comportamento consiste na obrigação do observador de descrever, de modo adequado e inequívoco, aquilo que está observando.

De acordo com Hays (1970), algumas vezes a operação de mensuração requer a utilização de dispositivos mecânicos; em outras vezes, serve-se de um estímulo físico, como um teste; em outras ainda, o procedimento de medida é apenas a obediência a uma regra. Como ocorre em uma entrevista de psicodiagnóstico, é ainda possível que o próprio observador seja parte dessa regra. No caso da entrevista psicológica, por exemplo, o psicólogo lança mão de toda informação pertinente ao cliente para fazer um diagnóstico. Seu treino torna-o sensível à ausência ou presença de algum sintoma. O problema é que nem sempre o instrumento humano é fidedigno, e o componente humano está sempre presente na operação de mensuração, já que, afinal, alguém deve ler o instrumento, atribuir um escore no teste, etc.

Por mais controlado que um processo possa ser, existem numerosos fatores que podem influir nas características medidas e que, por isso, alteram o resultado, tornando-o menos confiável. Isso explica por que se obtém resultados individuais tão diversos através de um mesmo instrumento de medida. Se uma parte dessa diferença pode ser devida às próprias diferenças na característica medida, parte também se deve ao erro cometido durante o processo. O problema é saber diferenciar bem as duas situações. Um fator que não facilita tal tarefa é a dificuldade de se atingirem medidas "puras" com os instrumentos de que se dispõe. Além do mais, como já foi explicado anteriormente, a própria variável psicológica costuma ser de difícil acesso em seu estado bruto. Pode, por exemplo, haver contaminação de outras variáveis na obtenção da medida de uma delas: (1) de variáveis do próprio sujeito — fadiga, falta de motivação, etc.; e (2) de fatores situacionais — falta de uniformidade no que está sendo medido, variações na aplicação, etc. Caso o aplicador não fique atento para qualquer um desses fatores, pode aumentar a variação entre os resultados.

Assim, erro na observação, erro do instrumento ou erro devido à falta de uniformidade na mensuração são falhas que precisam se tornar conhecidas para que o experimentador esteja mais apto a controlá-las.

Portanto, é objetivo da psicometria aplicar métodos científicos no estudo do comportamento humano. Para isso é necessário que se descrevam as circunstâncias em que ocorre determinado comportamento. Essa descrição deve ser precisa, comunicável objetivamente, e deve também utilizar-se de um instrumento padronizado para que outro possa também medir e classificar o comportamento com a menor ambigüidade possível. Todavia, nem sempre se podem seguir firmemente esses ideais, pois em psicologia os problemas são visivelmente complexos, não se dispondo sempre de padrões da mesma natureza que a característica medida. A medição se dá através de indícios que se supõe estarem ligados às medidas. O que os testes fornecem é apenas uma situação padronizada que permite elucidar alguns comportamentos manifestos que se supõe representar a variável psicológica em questão.

Outro problema é que as manifestações do comportamento são amplamente variáveis ao longo do tempo. Isso significa que medem reações sempre passíveis de mudança.

Cabe, no entanto, ao psicólogo, ao utilizar técnicas de medidas, conhecer suas limitações, sabendo ser impossível abranger a totalidade de cada um dos fenômenos psicológicos. Deve entender que, sendo esses fenômenos demasiadamente complexos, esse objetivo dificilmente será alcançado. Portanto, é seu dever usar instrumentos adequados e interpretá-los com prudência, de modo a minimizar o erro da medida e, paralelamente, obter o grau de discriminação desejado.

2.4. Funções da Medida

A observação científica não é realizada por apenas um cientista; deve pretender um consenso entre diversos investigadores, e as discordâncias tendem a ocorrer, entre outros motivos, quando não existem medidas padronizadas. Esse é um dos maiores problemas da psicologia: o uso de termos cujos referentes não podem ser adequadamente medidos, dificultando, dessa forma, que as teorias sejam testadas.

A medida desempenha um papel fundamental na investigação científica, mas não é um fim em si mesma. Seu valor somente pode ser avaliado sob uma perspectiva instrumentalista, pois do contrário se exagera o valor atribuído aos números, concedendo-se atenção demasiada à objetividade, sem considerar o que possa ser feito posteriormente com a medida. É como se o número tivesse um valor científico intrínseco. A essa distorção costuma-se denominar *mística da quantidade* (Kaplan, 1975).

São quatro as funções que a medida desempenha: quantificação, comunicação, padronização e objetividade.

Por quantificação entende-se que a medida permite uma descrição precisa do fenômeno. Considerando-se que tudo que existe, existe em certa quantidade, uma descrição que inclua uma referência à magnitude com que o fenômeno se mostra é uma descrição mais completa e precisa, pois permite, inclusive, compará-lo com outros. A precisão da medida será tão maior quanto maior tiver sido o cuidado mantido na mensuração e quanto mais adequado tiver sido o símbolo. O símbolo que garante a maior precisão é o número.

A medida também permite uma melhor comunicação porque condensa informações, é mais precisa e objetiva. Ao se dizer que a medida de uma mesa é de três metros, não se precisa com isso dizer que essa mesa é grande, pois isso já está implícito, uma vez que foge ao padrão existente.

Pode ser um instrumento de padronização porque assegura a equivalência entre objetos com características diversas. O uso do percentil permite, por exemplo, a formalização na expressão dos resultados de um teste. Há uma unificação da linguagem, facilitando a comunicação.

A função de objetividade é a que permite classificações com menor ambigüidade. Utilizam-se numerais para objetivar características que são diferentes, mas similares. Ao se empregar, em uma pesquisa, a expressão "idoso" em lugar de seu correspondente numérico relacionado à idade, a descrição torna-se cientificamente mais ambígua.

Apenas classificações livres de ambigüidade podem permitir ao pesquisador enunciar leis sobre o que está medindo.

2.5. Tipos de Medida

Existem dois tipos de medida: a fundamental e a derivada. A medida fundamental é aquela que é obtida como resultado da mensuração direta, ou seja, "o atributo de um objeto é alcançado através de uma comparação simples e direta com outro objeto que apresenta uma quantidade padronizada dessa propriedade (...)" (Hays, 1970). Por exemplo, o peso e o comprimento podem ser medidos diretamente através de comparações com padrões. As características dos objetos mensurados através desse tipo de medida são chamadas *extensivas.*

A medida derivada é o produto de uma operação de mensuração baseada em indícios que se supõe estarem relacionados com o atributo do objeto medido. Como exemplo, tem-se a temperatura de um objeto: o que nos diz que a temperatura está alta ou baixa é o movimento ascendente ou descendente do mercúrio, pois existe a comprovação de que, com temperaturas altas, esse metal apresenta dilatação, o contrário ocorrendo com temperaturas baixas. As características dos objetos alcançados por essa medida são chamadas *intensivas.*

A medida do fenômeno psicológico é, em geral, do tipo derivada, e por isso é necessário estabelecer os indícios associados a essas medidas. Por exemplo: como medir o moral de um grupo? A freqüência e a rapidez com que o êxito é alcançado no desempenho de uma tarefa pelo grupo, podem ser um índice adequado para uma medida derivada relativa ao moral do grupo.

2.6. Dimensões a Serem Medidas

As dimensões são chamadas *atributos* quando são discretas (sexo, estado, civil, etc.) e são chamadas *variáveis* quando são contínuas (peso, altura, etc.).

A diferença entre uma dimensão contínua e uma dimensão discreta pode ser explicada quando se consideram altura e estado civil como exemplos. Teoricamente, pode-se passar de uma estatura a outra por gradações mínimas, e somente devido à imperfeição de instrumentos é que essas gradações não são alcançadas. No caso do estado civil, não há grau intermediário entre um estado e outro. Suas categorias são qualitativamente distintas (solteiro, casado, etc.).

Em psicologia, muitas vezes se é obrigado a tratar variáveis contínuas como se fossem dados descontínuos (atributos) por falta de recursos instrumentais adequados para se atingir tal fim. Por exemplo, o desempenho em uma profissão pode ser descrito, teoricamente, através de um contínuo que se estende do fracasso ao sucesso absolutos. Entretanto, a ausência de meios disponíveis para quantificar tais gradações obriga o pesquisador a dicotomizar (ou tricotomizar, etc.) a variável, ou seja, a dividir a variável em dois atributos polarizados, facilmente qualificáveis, e desprezar as possíveis variações entre eles.

2.7. Princípio do Isomorfismo

Como a atribuição da magnitude de uma certa propriedade é realizada com a ajuda do sistema numérico, torna-se imprescindível o conhecimento de certas propriedades matemáticas.

Como se sabe, a matemática se apóia em um conjunto de postulados. Um postulado é uma proposição assumida como verdadeira sem qualquer necessidade de comprovação. Declara uma suposição feita sobre alguma relação entre objetos, e sua utilidade consiste nas deduções que se podem extrair dele e de sua combinação com outros postulados. Todo postulado deve possuir consistência interna, e sua quantidade dependerá da necessidade do sistema. O tipo de verdade envolvida é do tipo lógico e não empírico, o que quer dizer que as deduções extraídas dos postulados permanecem no domínio das idéias. Por exemplo, o silogismo "o homem é mortal; um cavalo é mortal; logo, o homem é um cavalo" é uma verdade lógica.

Mas nenhum postulado ou teorema matemático expressa diretamente algo sobre o mundo. A matemática "fornece apenas modelos formais convenientes para a descrição da natureza" (Guilford, 1954). A estrutura da natureza, tal como o homem a conhece, possui propriedades paralelas às estruturas dos sistemas lógicos matemáticos. Esse princípio de equivalência de forma é chamado princípio do isomorfismo. Guilford diz ainda que, "de acordo com esse princípio, devem-se usar números e medidas quando e até o ponto em que as propriedades dos números forem paralelas às propriedades dos objetos e eventos".

Dentre as mais importantes propriedades dos números empregados na medida temos as de *identidade, ordem* e *aditividade*. Um fenômeno não precisa satisfazer todas as propriedades dos números para ser mensurável. Para alguns propósitos, por exemplo, a propriedade de ordem é suficiente. Entretanto, quanto mais propriedades são utilizadas no processo de atribuição de símbolos, mais informações e, conseqüentemente, mais segurança se obtém sobre suas conclusões.

De tudo que já foi exposto, fica clara a diferença, existente entre mensuração e matemática, termos tomados indevidamente como sinônimos. A mensuração está ligada ao mundo real: a legitimidade de um sistema de medida funda-se empiricamente. O que se pretende é quantificar atributos ou variáveis de objetos reais, ou seja, o sistema matemático apenas cede sua linguagem, universalmente conhecida, para se estabelecerem relações entre as diferentes medidas.

A matemática, por sua vez, possui um vocabulário ilimitado, definido com rigor absoluto. Seus sistemas são puramente dedutivos — nada mais do que regras usadas para a manipulação de símbolos.

São nove os postulados propostos por Campbell (1950). Os três primeiros são de identidade, os dois posteriores são de ordem e os quatro últimos, de aditividade.

1. Identidade

   1º) se $a = b$ então $b = a$

   2º) ou $a = b$ ou $a \neq b$

   3º) se $a = b$ e $b = c$ então $a = c$

2. Ordem

   4º) se $a > b$ então $b < a$

   5º) se $a > b$ e $b > c$ então $a > c$

3. Aditividade

   6º) *se* $a = p$ *e* $b > 0$ então $a + b > p$

   7º) $a + b = b + a$

   8º) *se* $a = p$ *e* $b = q$ então $a + b = p + q$

   9º) $(a + b) + c = a + (b + c)$

De acordo com a aplicação desses postulados, surgem diferentes níveis de medida.

A seção que se segue tratará das escalas de medida ou regras de correspondência entre classes de objetos e numerais, assim como de seus níveis de complexidade.

2.8. Escalas de Medidas

Já vimos que nem todas as medições realizadas na vida diária são tão precisas como seria desejado. Mesmo sendo esse o ideal, em determinados casos uma classificação ou ordenação é o ponto máximo que um pesquisador pode alcançar.

Muitas vezes o psicólogo lida com variáveis comportamentais passíveis de quantificação — horas de privação, intensidade do choque, etc. Em outras, no entanto, o processo de mensuração não pode ser avaliado diretamente — como a capacidade de aprendizagem sob aquelas condições. Torna-se necessário observar apenas o que é explícito — conduta do indivíduo — e medir indiretamente esse traço (ver medida fundamental e derivada).

S. S. Stevens (1946) elaborou um esquema para classificar diferentes níveis de medida que se tornou extremamente útil ao psicólogo. Ordenadas de acordo com seu nível de refinamento, temos as escalas nominal, ordinal, intervalar e de razão ou proporção. De acordo com a definição de mensuração, as regras pelas quais os números são atribuídos a objetos constituem o critério básico que define uma escala. Cada um desses diferentes níveis e medidas tem restrições, normas e métodos estatísticos próprios. O mais alto nível da escala requer maior especificidade das regras. Numa escala nominal, os números são usados como símbolos que identificam e diferenciam as categorias empregadas. Os números usados como símbolos identificadores, porém ordenados, compõem o nível de medida ordinal. Se além dessas informações os números estiverem separados por intervalos iguais, o tipo de escala é intervalar. Na escala de razão, os números, além de darem as informações precedentes, fornecem informações acerca da relação ou proporção entre as características medidas, sendo, por isso, a escala de mais alto nível.

2.8.1. Escala Nominal

"A atribuição de objetos de observação a categorias de acordo com algum esquema classificador e seguindo algumas regras específicas do procedimento é a mensuração em seu nível mais simples e primitivo. Em psicologia, tem sido chamada de mensuração em categoria ou escala nominal" (Hays, 1970). Em geral se utiliza essa escala para medir atributos — por exemplo, cor da pele — ou uma variável contínua transformada em atributo.

Quando se observam determinados fenômenos, é preciso registrar e comunicar os diferentes acontecimentos. Mas sem um esquema prévio não seria possível agrupar os resultados em diferentes categorias. Faz-se necessária uma regra de mensuração que orientará o tipo de classificação a ser empregado.

Nesse nível de medida, usa-se um número como rótulo para a classe ou categoria qualitativa. Os membros da classe são considerados como sendo iguais ou equivalentes em algum aspecto. Os números podem ser substituídos por qualquer outro símbolo — palavras, letras — que seus propósitos ficarão inalterados. Existe apenas uma regra: todos os membros de um conjunto devem ter o mesmo código, e os membros de outro grupo, códigos diferentes. Daí o termo "nominal" — dá-se um nome às categorias.

Dentre os postulados básicos, os únicos que se aplicam a essa escala são os postulados de identidade. Fica implícito que a igualdade entre os objetos é a base para agrupá-los em uma mesma categoria. Mas, em psicologia, esse "igual" não significa igualdade absoluta. Sendo o comportamento dotado de certa complexidade e se sabendo que pode haver falhas de julgamento e até erros no próprio processo de mensuração, dificilmente se encontram dois membros de uma categoria que sejam exatamente iguais. Mas, além de existirem, por vezes, diferenças não-identificáveis entre elementos de uma mesma categoria, a discriminação depende também das exigências ou tolerâncias do observador num momento dado. Assim, de acordo com os propósitos práticos de classificação, podem-se preferir categorias mais ou menos amplas.

Quando um cientista utiliza um sistema de classificação, ignora inúmeras propriedades do objeto ou fenômeno estudado, limitando-se a pôr em destaque apenas as propriedades importantes para as características em estudo.

Logo, o sistema de classificação parece basear-se em três fontes: considerações teóricas, semelhanças ou diferenças observadas e considerações práticas (Hays, 1970). Existem também três condições experimentais para se ajustar um sistema de classificação: as categorias devem ser bem-definidas, exaustivas — não se pode encontrar um objeto que não faça parte de uma das categorias — e mutuamente excludentes — nenhum objeto pode ser classificado em duas ou mais categorias simultaneamente.

A classificação é a forma mais simples de mensuração. Talvez por isso alguns autores não hesitam em desprezá-la como forma de mensuração. Mas isso não é verdadeiro, já que a própria definição de medida é obedecida satisfatoriamente. Se os membros de uma categoria podem ser contados, parece existir mensuração, ainda que precária. Entretanto, é compreensível que surja essa dúvida, uma vez que o nome "escala" já sugere um contínuo de algum tipo. Um contínuo tem a propriedade de ordem que não se aplica na escala nominal. Não se deve esquecer que se trata de um nível pouco satisfatório para medir variáveis mais complexas. A aplicação de uma escala nominal a uma variável contínua como a inteligência permite que a classificação de pessoas como inteligentes ou não-inteligentes se faça de forma intrínseca, tornando precária a discriminação.

Como os símbolos que designam os vários grupos numa escala nominal podem ser permutados sem alterar a informação essencial a respeito da escala, as únicas estatísticas admissíveis são as que permanecem inalteradas em relação a tal transformação.

Ainda que precárias, podem-se utilizar operações estatísticas pouco complexas, tais como contagem, moda e coeficiente de contingência — este quando se deseja saber se as categorias estão de algum modo correlacionadas. Podem-se comprovar hipóteses utilizando-se a estatística não-paramétrica qui-quadrado (X^2), prova baseada no desenvolvimento binominal.

Exemplos da escala nominal

1. "As classificações deste tipo possuem, em geral, uma estrutura 'em árvore'. Quando se trata, por exemplo, de classificar pessoas segundo sua profissão, são possíveis dois ramos (entre outros): comerciantes e operários mecânicos. Os comerciantes poderão ser subdivididos em atacadistas e varejistas, e estes últimos em padeiros, marceneiros, etc. Os operários mecânicos poderão subdividir-se em fresadores, ajustadores, etc. As variáveis que distinguem os comerciantes dos operários não são obrigatoriamente as que distinguem as diferentes categorias de operários" (Reuchlin, 1971).

2. "Nos últimos anos, os Estados Unidos foram divididos em áreas de serviço, cada uma recebendo um número por parte da com-

panhia telefônica. Estes são os familiares números de 'código de área'. Assim, qualquer assinante que more na região da Cidade de Nova York recebe o número 212; na área de Chicago, o número 312, e assim por diante. A regra dessa atribuição é fornecida por uma tabela que se encontra na parte inicial da lista telefônica. Se alguém quiser conhecer o número, de 'código de área' de uma pessoa residente em Oshkosh, Estado de Nebrasca, por exemplo, bastará consultar a tabela. Observe que esses números são apenas nomes ou símbolos arbitrários para denotar a residência em determinada região. Ninguém é capaz de afirmar que, pelo fato de a pessoa *x* morar em Chicago e ter o código de área 312 e de a pessoa *y* residir na Cidade de Nova York e ser dona do código de área 212, *x* possua 100 unidades de alguma coisa a mais do que *y*" (Hays, 1970).

3. Ao dividirmos uma turma de indivíduos em aprovados e reprovados em um exame, poderíamos dar o número 1 ao primeiro grupo e o número 2 ao segundo. Poderíamos ainda subdividir esses grupos de acordo com algum atributo, tal como inteligência. Nesse caso, teríamos o grupo dos aprovados inteligentes, aprovados não-inteligentes, reprovados inteligentes e reprovados não-inteligentes. A relação entre os grupos poderia ser testada através da estatística qui-quadrado, já que as variáveis trabalhadas estão dicotomizadas.

2.8.2. Escala Ordinal

Os números podem servir meramente de nomes ou rótulos de uma categoria (escala nominal). Esses rótulos representam diferenças qualitativas, ainda que não necessariamente quantitativas. Por outro lado, algumas operações originam números ordinais. Estes fornecem o lugar em que cada objeto se encontra com referência a alguma característica. Quando a operação de mensuração origina uma variação à qual evidentemente se atribuem ordinais, dá-se a ela o nome de escala ordinal. Nesta, os números atribuídos aos objetos possuem as propriedades de identidade e ordem. Logo, é um nível superior à mensuração nominal. Seu objetivo é estabelecer gradações entre fenômenos.

Para se construir uma escala ordinal, é necessário que exista uma ordem entre objetos para que então se possa atribuir a esses objetos símbolos que estejam ordenados da mesma maneira. "Os números ordinais simbolizam a posição relativa ou a quantidade relativa com referência a alguma propriedade" (Hays, 1970).

Contudo, as diferenças entre esses números não revelam, necessariamente, as diferenças reais da quantidade da propriedade possuída pelos objetos. Por exemplo, ao corredor que chega em primeiro lugar é atribuído o número 1, ao que chega em segundo, o número 2, e ao terceiro é atribuído o número 3. Embora a diferença aritmética entre 2 e 1 seja 1 e entre 3 e 2 também seja l, não é permitido dizer que a diferença de velocidade entre o primeiro e o segundo é a mesma que entre o segundo e o terceiro. Não é necessário que as categorias classificadas estejam espaçadas igualmente na escala, ou seja, que o intervalo entre as categorias seja igual. Os números, então, só proporcionam a ordem. Dessa forma, podem ser trocados por outros números quaisquer, desde que se guarde a mesma ordenação entre os objetos ou características do objeto. Por exemplo, os números 2, 4, 7 e 9 podem ser substituídos por l, 2, 3 e 4 ou por l0, 25, 30, 43... Os elementos contidos numa mesma categoria são tidos como possuidores da mesma característica que está sendo medida. A importância não está no símbolo empregado, mas na ordem mantida entre eles, que deverá equivaler à ordenação das características. Conhecidas as posições de cada objeto na escala, podem-se verificar as relações de maior, igual ou menor entre eles.

Em psicologia, dificilmente se ultrapassa esse nível de medida. Os testes de inteligência, de personalidade, de atitudes e de aptidão são basicamente ordinais, pois fornecem a posição numa ordenação de resultados. Freqüentemente, no entanto, força-se a igualdade de intervalos, pois isso permite um maior alcance no tratamento estatístico. Entretanto, mesmo quando há razões para se supor essa igualdade, incorre-se no risco de errar seriamente na interpretação dos dados obtidos.

As estatísticas permissíveis no nível da escala nominal também aplicam-se a essa escala (freqüência, moda, coeficiente de contingência), mas o princípio de ordem possibilita o uso de estatística adicional: mediana, separatrizes, ordem percentílica e coeficiente de correlação de ordem de Spearman.

Exemplos da escala ordinal

1. Se, num teste de inteligência, um professor dividiu a classe em dois grupos, os de nota igual ou superior ao percentil 50 e os de nota infe-

rior a esse percentil 50, essa classificação seria em termos de posição relativa nas escalas de percentis. Com esses dados podem-se fazer afirmações classificatórias e comparações posicionais. Seria, entretanto, absurdo dizer, quando lidamos com uma escala ordinal, que um estudante situado no percentil 50 é duas vezes mais inteligente do que um situado no percentil 25. O percentil só fornece a posição relativa dos indivíduos, podendo estabelecer relações entre eles.

2. A classificação dos prisioneiros num presídio pode ser ordinal. É possível que se deseje separar os prisioneiros em grupos de acordo com a gravidade dos crimes pelos quais foram condenados. Considerando-se que a falsificação é um crime menos grave do que o assassinato, o prisioneiro número 200 (um falsário) é colocado num bloco de celas diferente daquele no qual é colocado o prisioneiro número 300 (um assassino). Os números os diferenciam em uma escala nominal, mas a separação em termos de gravidade do crime os diferencia numa escala ordinal, pois há uma ordenação quanto à intensidade da variável.

3. Um sujeito, quando submetido a dois estímulos de intensidade física diferente (fontes sonoras ou luminosas, pesos a serem levantados, etc.), poderá ser solicitado a declarar qual das sensações assim suscitadas é a mais intensa.

2.8.3. Escala Intervalar

Chama-se escala intervalar ao processo de atribuição de símbolos numéricos que expressam não somente a ordem, como também o tamanho da diferença relativa entre as categorias na característica medida. Além das propriedades das escalas anteriores, possui uma propriedade adicional: distâncias iguais na propriedade que está sendo medida. As diferenças entre os números podem ser comparadas entre si. "Na construção da escala de intervalo, pode-se ter certeza de que, quando dois pares de números diferem na mesma quantidade aritmética, os objetos aos quais se conferem esses números têm entre si a mesma diferença na quantidade real de propriedade medida" (Hays, 1970). Assim, a diferença entre os números que simbolizam os atributos medidos representa a diferença entre tais características. Se os resultados de um teste são expressos em termos de escores padronizados, poder-se-á dizer, por exemplo, que o *rendimento* de um indivíduo em determinado teste no qual obteve um escore T igual a 70 é duas vezes superior ao rendimento de um outro que no teste obteve escore igual a 35.

Entretanto, não se pode dizer que o indivíduo tenha o dobro do atributo medido do outro. Os intervalos ou distâncias entre cada número e o seguinte são iguais, mas não se pode saber a que distância qualquer deles se encontra do ponto zero. A ausência do zero absoluto faz com que se utilize a média como zero arbitrário e se calcule a distância em relação a ela em termos de desvio reduzido.

Não tem sentido afirmar que a temperatura de 10°C seja a terça parte da temperatura de 30°C, mesmo porque, quando se as converte para a escala Fahrenheit, os números resultantes não mantêm a mesma proporção de 1 para 3. Contudo, é perfeitamente possível afirmar que a diferença entre as temperaturas 10°C e 30°C é metade da diferença entre 40°C e 80°C, já que a distância está sendo estabelecida em termos de intervalos iguais e para os quais se pode definir a operação soma. Não tem sentido a adição de duas temperaturas. Para fazermos afirmações desse tipo seria necessário conhecermos o zero absoluto.

Da mesma forma, transpondo o exemplo acima para a psicologia, pode-se dizer que se quatro escores — 8, 6, 5 e 3 — são atribuídos a um teste de inteligência, pode-se dizer que a diferença entre as duas primeiras notas é igual à diferença entre as duas últimas, e que o rendimento do segundo indivíduo é duas vezes o rendimento do quarto, já que foi estabelecido um intervalo constante. Entretanto, não se pode dizer que a inteligência do segundo indivíduo seja o dobro da do quarto (a inteligência é uma medida relativa e derivada). É verdade que um estudante pode tirar uma nota zero em um exame de matemática, mas isso não quer dizer que ele não tenha qualquer conhecimento da matéria. A ausência desse zero absoluto não nos permite realizar operações de divisão ou multiplicação, ou seja, estabelecer relações (próprio da escala de razão). Numa escala intervalar se estabelece relação entre os intervalos e não entre a quantidade do atributo. Em decorrência disso, é interessante observar que não são as quantidades que são somadas ou subtraídas, e sim os intervalos ou as distâncias. A soma das quantidades terá pouco significado, uma vez que há variação de acordo com a posição que o zero ocupa na escala. (Por esse motivo é que o oitavo postulado não se aplica a esse nível de medida.) Quase todos os procedimentos estatísticos podem ser aplicados, com exceção do coeficiente de variação. Neste, a relação entre o desvio e a média ($CV = \frac{s}{\bar{x}}$) depende de onde o zero arbitrário está localizado (Guilford, 1954).

Importante: em razão dessa escala ser chamada de intervalos iguais, muitas vezes se cai no erro de assumir que tais escalas requerem um igual número de pessoas ou objetos para cada ponto no contínuo (distribuição retangular de escores). Mas os intervalos é que são iguais. Não se avaliam as quantidades, mas os intervalos entre elas.

Determinação experimental de igualdade dos intervalos

Em psicologia, é difícil encontrar um critério que permita definir a igualdade de intervalos. No entanto, existem dois meios que facilitam a determinação desses intervalos: (1) operações efetuadas pelo experimentador e (2) operações que utilizam convenções de linguagem estatisticamente definidas.

Dentro do primeiro tipo, podem-se citar alguns exemplos. As operações de eqüidivisão ou eqüipartição são explicadas por Reuchlin (1971): "Alguns sujeitos foram solicitados a regular um estímulo variável de tal modo que a sensação por ele suscitada parecesse igualmente distante das suscitadas por dois estímulos fixos determinados (trabalhos antigos de J.L.R. Delboluf, nova psicofísica de S.A. Stevens). Repetindo-se a operação sobre cada um dos intervalos assim estabelecidos, pode-se definir experimentalmente uma escala de intervalos. Nem sempre são satisfatórias a fidelidade e a coerência das respostas. Pode-se utilizar o mesmo método ou então métodos vizinhos, substituindo-se os estímulos físicos por outros estímulos, tais como opiniões ou julgamentos. Por exemplo: pede-se a uma série de 'juízes' que classifique fichas em cinco categorias. Sobre cada uma dessas fichas será inscrita uma opinião relativa a um problema determinado. Essas categorias deverão ser escolhidas de tal forma que os intervalos entre elas (quanto ao caráter mais ou menos favorável da opinião expressa) pareçam iguais aos olhos do 'juiz' (escala de intervalos aparentemente iguais de L.L. Thurstone)." Outro exemplo é o famoso postulado fechneriano: nele são considerados iguais os intervalos que separam duas sensações percebidas como mais próximas por um indivíduo.

As operações estatísticas que determinam a igualdade de intervalos são também de dois tipos:

1. Grupo da normalização, que se divide em dois processos:

1.a — normalização sobre os resultados — aplicando uma transformação não-linear (aquela que não obedece à equação da reta), porque esta modifica a forma da distribuição. Seu objetivo é atingir a normalização. Um exemplo de estatística aplicada na determinação de intervalos é o uso de percentil. Entre cada percentil há 1% da população.

1.b — normalização sobre as variáveis — através da ponderação de itens, isto é, atribuindo pesos de acordo com o nível de dificuldade do item. Atua-se nas variáveis (acertos e erros) para que elas produzam resultados iguais aos de uma distribuição normal.

2. Grupo da não-normalização — distribuição teórica.

A moda (M_0) é a unidade intervalar. É a distribuição modal que proporcionará a igualdade dos intervalos, o que não significa que represente resultados numericamente iguais. Separa-se a distribuição bimodal em dois intervalos, tomando-se o ponto de inflexão, entre as duas curvas como critério de separação. Faz-se o mesmo na distribuição multimodal.

Em psicologia, esse nível de medida é difícil de ser atingido, dada a dificuldade de se encontrar um critério que permita definir a igualdade de dois intervalos.

Exemplo de escala intervalar

1. "Alguns sujeitos foram solicitados a regular um estímulo variável de tal modo que a sensação por ele suscitada parecesse igualmente distante das suscitadas por dois estímulos fixos determinados. Repetindo-se a operação sobre cada um dos intervalos assim estabelecidos, pode-se definir experimentalmente uma escala de intervalos" (Reuchlin, 1971).

2. Um diretor de uma fábrica de parafusos resolve oferecer um abono extra a seus empregados de acordo com um critério de produtividade. Observa-se a produção de cada operário e mede-se a quantidade de parafusos que cada um fabrica por dia. O desempenho dos empregados é classificado em dez categorias espaçadas igualmente, de tal

forma que se possa afirmar que os da primeira são dez vezes mais produtivos que os da última.
3. "Escala Fahrenheit ou centígrada para medir temperaturas em um termômetro. Aqui, a diferença entre 30 e 31 é exatamente igual à que existe entre 40 e 41, entre 50 e 51 ou entre quaisquer dois pontos contínuos da escala. Na maioria, as escalas usadas para medir características cognitivas nos testes educacionais são, supostamente, escalas intervalares, embora esse postulado esteja sujeito a exceções. Para que isso seja verdade, os níveis de dificuldade de cada item e os erros de medida têm que ser estritamente controlados" (Lindeman, 1976, p.4).

2.8.4. Escala de Razão, Relação ou Proporção

Esse é o mais sofisticado nível de medida. Pode-se dizer que interpreta diretamente as razões dos valores em termos das razões do grau de propriedade que está sendo medida. O ponto fixo zero não é um ponto arbitrário como nas escalas intervalares. Dessa forma, essa propriedade dá condições de comparar os valores escalares. Por exemplo, se o peso de uma pessoa é de 60 kg, pode-se afirmar com segurança que ela é duas vezes mais pesada do que outra que pese apenas 30 kg. O conceito de "peso zero" é um conceito definível, baseado na força da gravidade. Um número pode ser justificavelmente determinado para ser um certo múltiplo de outro.

Todas as dimensões físicas comuns podem ser medidas por essa escala. Como o próprio nome indica, pode-se então dividir um número por outro ou estabelecer uma relação de proporção. Todas as operações de números fundamentais são passíveis, da mesma forma que todas as operações estatísticas (inclusive o coeficiente de variação).

Esse nível de medida não é usado em psicologia, pois até o presente momento não se conseguiu demonstrar a existência de um zero absoluto nos fenômenos psicológicos. Por exemplo, para medir o nível de inteligência por essa escala, deve-se definir com segurança a condição que corresponda à ausência absoluta dessa característica.

Exemplo de escala de razão

1. Se a altura de uma pessoa é de dois metros, pode-se afirmar com segurança que ela é duas vezes mais alta do que outra que meça apenas um metro. O conceito de "altura zero" é um conceito definível.

2. Uma régua usada como instrumento para medir uma mesa. Pode-se imaginar cada número como uma distância medida a partir de zero.
3. Se os números 2, 4, 7 e 9 representam a quantidade de um certo atributo dos objetos A, B, C e D em termos de uma escala de proporção, pode-se dizer que B tem duas vezes o atributo de A; C tem 3,5 vezes o atributo de A e D, 2,25 vezes o atributo de B.

Observação: Para maior compreensão do que foi exposto até agora, pratique os exercícios 1, 2, 4, 5, 7, 8, 9, 10, 11, 12, 13, 14, 15, 16, 17, 20, 21, 22, 23, 24, 25, 26, 27, 28, 29, 30, 31, 32, 33, 34, 35, 36, 37, 38, 40, 41, 42, 43, 44, que se encontram na parte final do livro (p.131).

3· Técnicas e Instrumentos de Avaliação

A avaliação é a atribuição de qualidade aos valores numéricos obtidos através da medida. Envolve sempre um julgamento de valor. A avaliação de indivíduos sem a utilização de técnicas e instrumentos adequados é praticamente impossível quando se pretende avaliar seu comportamento em sua globalidade, ou seja, em seus domínios cognitivo, afetivo e psicomotor. Por técnicas de avaliação, entende-se o método de se obterem as informações desejadas. O instrumento de avaliação é o recurso usado para esse fim. Ambos devem ser escolhidos cuidadosamente, levando-se em conta cada caso e cada situação.

Basicamente, existem três técnicas de coleta de informações, de acordo com Mediano (1976): observação, inquirição e testagem, conforme quadro abaixo.

1. Observação
   - Registros de comportamento
   - Escala de classificação
2. Inquirição
   - Questionário
     - Inventário
     - Escala de atitude
     - Levantamento de opinião
   - Entrevista
3. Testagem
   - Testes não-padronizados
   - Testes padronizados

3.1. Observação

É o ponto de partida para qualquer estudo científico, sendo utilizada como forma de estabelecer ou validar os conhecimentos adquiridos. A simples constatação de um fato, exatamente como se apresenta ao indivíduo, é uma observação. Esta, porém, é uma observação vulgar, o meio que o indivíduo tem para adquirir informações a fim de obter maior controle sobre si mesmo e sobre o seu mundo. Para que tenha um caráter científico é necessário que se explicitem hipóteses e que a observação seja suscetível à repetição.

Em linhas gerais, trata-se de uma técnica que tem por objetivo colher o maior número de informações nas áreas cognitiva, afetiva e psicomotora, embora a primeira apresente maiores dificuldades. Existem dois tipos de observação científica: observação assistemática e observação sistemática. A primeira é aquela que se realiza sem qualquer planejamento prévio. Sua utilidade reside no fato de existirem comportamentos que só podem ser observados de forma ocasional, pois são de difícil controle. Pode-se citar como exemplo o comportamento das pessoas em relação à morte de um ente querido. A condição necessária para que se possa efetuar tal observação é atenção absoluta, o que Rudio (1983) chama de permanente estado de prontidão. A casualidade é sua principal característica, e ela só deve ser usada para o caso de estudos exploratórios.

O segundo tipo é uma observação mais controlada com propósitos previamente determinados. Exige planejamento, o campo de observação deve ser delimitado e requer a utilização de instrumentos adequados para o seu registro, possibilitando o acesso a um nível de sensibilidade que poderia passar despercebido pelo observador. O instrumento de observação constitui uma forma de codificar a informação, facilitando a comunicação dos dados e aumentando seu valor heurístico. Sua utilização adequada impede o risco de observações puramente subjetivas.

Os instrumentos de observação mais conhecidos são os registros de comportamento e as escalas de classificação.

3.1.1. Registros de Comportamento

Uma vez determinados os indivíduos, a situação padronizada e os comportamentos que devem ser observados, pode-se utilizar um registro escrito de um ou mais acontecimentos significativos em relação a determinada hipótese de trabalho. Esse registro deve ser realizado sem a intromissão de opiniões ou julgamentos para que não haja o perigo da distorção dos dados. Caso o observador deseje expressá-las, deve fazê-lo no final de sua observação, em um item à parte.

Como a observação da conduta se efetua em condições naturais, é conhecida pelo nome de anedotário.

Podem ser registros *contínuos*, em que são lançados todos os comportamentos apresentados por um indivíduo durante um período de tempo, ou registros mais *quantitativos*, como os seguintes: (1) de *evento*, em que cada ocorrência do comportamento medido gera uma marca: (2) de *tempo*, em que se computa o tempo total despendido pelo indivíduo em uma atividade; (3) de *amostragem de tempo*, em que se registra o comportamento de um indivíduo em cada ocasião observada (de hora em hora, por exemplo); e (4) de *produto*, em que se computam as conseqüências de determinada ação, como o número de cigarros fumados ou de peças produzidas.

3.1.2. Escala de Classificação ou Avaliação

A escala de avaliação é um dispositivo através do qual se ordenam, numa mesma escala, aspectos qualitativos dos indivíduos de modo a que esses aspectos possam ter um correspondente numérico. O objetivo dessa ordenação é manter, com a maior exatidão, um intervalo relativamente fixo na graduação das categorias. Diante disso deve o avaliador posicionar o objeto julgado na categoria mais aproximada. Obtém-se, assim, com este instrumento padronizado, uma avaliação qualitativa mais precisa sobre um objeto qualquer.

A escala de avaliação é um instrumento simples e muito usado na mensuração psicológica. Os psicólogos organizacionais utilizam-na quando pretendem fazer a avaliação de desempenho dos empregados selecionados pelos seus testes; os psicólogos educacionais, quando avaliam o rendimento dos alunos; os psicólogos clínicos, por sua vez, empregam-na quando querem avaliar o progresso obtido por seus clientes e relacioná-lo com o êxito de sua técnica. Por essa razão, daremos maiores informações sobre o assunto.

3.1.2.1. *Tipos de Escala de Avaliação*

a) O *sistema gráfico* é o mais utilizado. A avaliação de indivíduos será efetuada em uma série de diferentes traços, ou características que aparecem representados em um gráfico. A linha significa a amplitude do traço, cabendo ao avaliador registrar uma marca no ponto em que julga situar-se o observado com respeito àquela característica.
Traço: habilidade manual
Ex.:

•	•	•	•	•
Excelente	Acima da $\overline{X}$	$\overline{x}$	Abaixo da $\overline{X}$	Deficiente

b) *A escala de avaliação de múltiplas etapas* é a avaliação, para cada traço, de uma série de categorias contínuas. Pode ser uma escala de números ou de adjetivos.

Exemplo de escala numérica

Traço: apresentação em público
1. o mais desagradável
2. extremamente desagradável
3. moderadamente desagradável
4. ligeiramente desagradável
5. indiferente
6. ligeiramente agradável
7. moderadamente agradável
8. extremamente agradável
9. o mais agradável

Exemplo de escala de adjetivos

Traço: motivação de aprendizagem de determinada disciplina
( ) cresceu com a continuidade das aulas
( ) foi estável durante todas as aulas
( ) diminuiu com a continuidade das aulas
( ) foi nula durante as aulas

3.1.2.2. Construção da Escala de Avaliação

O primeiro passo para a construção de uma escala de avaliação é determinar o grupo que se pretende avaliar, deixando bem claro o objetivo da avaliação. Em seguida, devem-se estabelecer parâmetros e estipular critérios para as qualidades que serão avaliadas. Para isso é necessária uma definição exata, clara e objetiva da qualidade em questão. Cada qualidade será considerada um traço a ser avaliado. Para que a classificação não seja cansativa, deve-se estabelecer um número ideal de traços, habitualmente variando entre quatro e dez. Há duas razões plausíveis para a tendência a incluir o menor número de traços: não há muitas variáveis diferentes para as quais seria importante obter avaliações; e ocorre o "efeito de halo" — termo que se refere a um erro cometido nas avaliações dos traços a partir da primeira impressão que o indivíduo avaliado causa no avaliador. (Esse e outros erros serão mais bem explicados adiante.)

Cada traço, por sua vez, será subdividido em categorias (dimensão da característica medida), supondo-se uma constância de intervalos entre elas. O número de categorias varia em média de 15 a 11. Não se deve esquecer que todos os traços de uma mesma escala devem ter o mesmo número de categorias.

Por vezes, incluem-se categorias extremas, aparentemente desnecessárias. Há, no entanto, razões para incluí-las, pois essas categorias servem de âncoras, capazes de diminuir uma tendência geral dos juízes a evitar categorias extremas, deslocando sua avaliação para o centro da escala. Esse tipo de correção é chamada "efeito de âncora".

Considerando-se que, na escala de avaliação, o instrumento avaliador é o ser humano e que este é passível de interferir com sua tendenciosidade, deve-se estar atento para que seus erros se reduzam na medida do possível. Entre os vários tipos de erros, temos o erro de benevolência, o erro de severidade, o erro de tendência central, o efeito ou erro de halo, o erro lógico, o erro de contraste e o erro de proximidade.

O erro de benevolência ocorre quando os juízes avaliam os sujeitos acima do que realmente são. Normalmente, aparece quando já existe um conhecimento prévio dos indivíduos a serem avaliados. O erro de severidade, ao contrário do anterior, ocorre quando o juiz, ciente de que o erro de benevolência possa interferir na sua avaliação, age de forma contrária — acaba sendo severo demais com os sujeitos em questão.

Quando, no entanto, os avaliadores não conhecem muito bem os indivíduos, tendem a lhes dar uma avaliação central, isto é, uma avaliação média em relação a todos os traços. Esse é o erro de tendência central.

O efeito de halo ocorre quando os avaliadores se deixam levar pela impressão geral que lhes provoca o indivíduo. Se a impressão é boa, a avaliação tende a ser positiva, muitas vezes incorrendo no erro de benevolência. Se é negativa, no erro de severidade.

Em outras ocasiões, os avaliadores acreditam que dois traços de um indivíduo possuem uma relação. Por julgarem estar logicamente relacionados, dão a mesma avaliação a ambos. Nesse caso, caem no erro do tipo lógico.

O erro de proximidade é muitas vezes confundido com o erro lógico. O avaliador percebe uma relação entre os traços, mas dessa vez uma relação hierárquica. A avaliação é dada com base num contínuo de intensidade. Traços mais próximos apresentam avaliações próximas, mas não iguais.

O erro de contraste é conseqüência do fato de o avaliador colocar-se como ponto de referência para avaliar outras pessoas. Avalia os sujeitos de modo exatamente oposto ao que faria com relação a si próprio.

Para se saber até que ponto esses erros influenciam a avaliação, existem procedimentos estatísticos que permitem uma aproximação do valor real de cada avaliação. Guilford (1954) elaborou alguns passos para se concretizar isso. A seguir, daremos um exemplo para que o leitor acompanhe de perto esse processo.

3.1.2.3. Avaliação das Escalas de Avaliação

Considerando-se:

A = avaliação feita
VR = valor real da avaliação
E = erros de avaliação

tem-se que:

$$\boxed{A = VR + E}$$

$$\therefore$$

$$\boxed{VR = A - E}$$

onde: *E* = *EB* + *EH* + *EC* + *ER*

sendo: *EB* = erro de benevolência
EH = erro de halo
EC = erro de contraste
ER = erro residual

EB, *EH* e *EC* são incrementos positivos ou negativos, enquanto os outros apenas aumentam a correlação entre os traços, não sendo erros constantes que possam ser agregados nessa equação.

Ex.:

Objetivo da escala: avaliação da criatividade
Avaliação: 4 peritos no assunto (*a*, *b*, *c* e *d*)
Avaliados: 6 pessoas (1, 2, 3, 4, 5 e 6)
Traços: 4 traços relacionados à criatividade (*A*, *B*, *C*, *D*)
Escala: 11 categorias de 0 a 10.

1) Avaliações realizadas por juízes

Juiz / *Avaliado*	*Traço "A"*				*Traço "B"*				*Traço "C"*				*Traço "D"*			
	a	*b*	*c*	*d*	*a*	*b*	*c*	*d*	*a*	*b*	*c*	*d*	*a*	*b*	*c*	*d*
1	7	6	8	7	8	2	8	7	5	1	8	2	5	0	10	5
2	7	7	6	7	7	6	6	6	6	6	9	1	5	6	8	2
3	6	6	4	5	8	9	8	6	10	5	9	8	9	5	10	6
4	8	8	6	6	9	10	3	1	8	8	7	6	9	7	4	4
5	8	5	6	7	9	5	4	4	5	1	4	1	9	1	3	1
6	5	4	3	3	7	8	1	0	7	7	8	4	7	8	0	0

2) Médias dos avaliados por juiz

Aval. / *Juiz*	*1*	*2*	*3*	*4*	*5*	*6*	$\overline{X}$	*EB*
a	*6,25	6,25	8,25	8,50	7,75	6,50	7,25	+1,55
b	2,25	6,25	6,25	8,25	3,00	6,75	5,46	-0,24
c	8,50	7,25	7,75	5,00	4,25	3,00	5,96	+0,26
d	5,25	4,00	6,25	4,25	3,25	1,75	4,13	-1,57
$\overline{X}$	5,56	5,94	7,13	6,50	4,56	4,50	5,70	
EHC	-0,14	+024	+1,43	+0,80	-1,14	-1,20		

*Obs.: O indivíduo 1, no juiz *a*, avaliado em todos os traços:

$$\bar{X} = \frac{7+8+5+5}{4} = 6{,}25$$

Considerando-se que o número de categorias varia de 0 a 10, a $\bar{X}$ esperada é 5, e assim:

5 - 5,70 = -0,70, que é o erro residual. (Como esse erro não pode ser neutralizado, considera-se 5,70 como a média ideal.)

O erro de benevolência é calculado comparando-se a média de um juiz com a média total:

$EB_a = 7{,}25 - 5{,}70 = 1{,}55$
$EB_b = -0{,}24$
$EB_c = +0{,}26$
$EB_d = -1{,}57.$

O erro de halo comum é calculado pelos afastamentos das médias individuais em relação à média total.

Assim, 5,56 - 5,70 = 0,14

3) Médias corrigidas para os *EB* e *EHC*

Juiz \ *Avaliado*	*1*	*2*	*3*	*4*	*5*	*6*	$\bar{X}$
a	4,84**	4,46	5,27	6,15	7,34	6,15	5,70
b	2,63	6,25	5,06	7,69	4,38	8,19	5,70
c	8,38	6,75	6,06	3,94	5,13	3,94	5,70
d	6,96	5,33	6,39	5,02	5,96	4,52	5,70
$\bar{X}$	5,70	5,70	5,70	5,70	5,70	5,70	5,70

$A_{1a} = X_{1a} - EB_a - EHC_1$

$^{**}A_{1a} = 6{,}25 - (+1{,}55) - (-0{,}14) = 4{,}84$

4) Erro de halo particular a cada juiz

Juiz \ *Avaliado*	*1*	*2*	*3*	*4*	*5*	*6*
a	*-0,86	-1,24	-0,43	+0,45	+1,64	+0,45
b	-3,07	+0,55	-0,64	+1,99	-1,32	+2,49
c	+2,68	+1,05	+0,36	-1,76	-0,57	-1,76
d	+1,26	-0,37	+0,69	-0,68	+0,26	-1,18

$EHP = A - \overline{X}_1$
$EHP = 4{,}84 - 5{,}70$
$*EHP = -0{,}86$

5) Média das avaliações dos indivíduos no mesmo traço

Juiz \ *Traço*	*A*	*B*	*C*	*D*	$\overline{X}$	*EB*
a	6,83*	8,00	6,83	7,33	7,25	+1,55
b	6,00	6,67	4,67	4,50	5,46	-0,24
c	5,50	5,00	7,50	5,83	5,96	+0,26
d	5,83	4,00	3,67	3,00	4,13	-1,57
$\overline{X}$	6,04	5,92	5,67	5,17	5,70	
ECC	+0,34	+0,22	-0,03	-0,53		

*6,83 = média das avaliações feitas de todos os indivíduos pelo juiz *a* no traço *A*.

$$\frac{7+7+6+8+8+5}{6} =$$

ECC = média do traço comparada com a média total.

$\therefore ECC = 6{,}04 - 5{,}70 = 0{,}34$

6) Médias corrigidas, por juiz e traço, para *EB* e *ECC*

Juiz \ *Traço*	*A*	*B*	*C*	*D*	$\overline{X}$
a	4,94	6,23	5,31	6,31	5,70
b	5,90	6,69	4,94	5,27	5,70
c	4,90	4,52	7,27	6,10	5,70
d	7,06	5,35	5,27	5,10	5,70
$\overline{X}$	5,70	5,70	5,70	5,70	5,70

4,94 = $\overline{X}$ da avaliação - *EB* - *ECC*
4,94 = 6,83 - (+1,55) - (+0,34)

7) Erro de contraste referente a cada juiz

Juiz \ *Traço*	*A*	*B*	*C*	*D*
a	-0,76	+0,53	-0,39	+0,61
b	+0,20	+0,99	-0,76	-0,43
c	-0,80	-1,18	+1,57	+0,40
d	+1,36	-0,35	-0,43	-0,60

onde $EC = \overline{X}$ corrigida $- \overline{X}_t$
$-0{,}76 = 4{,}94 - 5{,}70$

Agora podemos chegar ao valor real (VR) da avaliação de cada indivíduo para cada traço e para cada juiz.

$$VR = A - E$$
$$VR_{1Aa} = A_{1Aa} - EB_a - EHP_a - EC_a$$
$$VR_{1Aa} = 7 - (+1{,}55) - (-0{,}86) - (-0{,}76)$$
$$VR_{1Aa} = 7{,}07.$$

3.1.3. Sistematização da Observação

Foi visto que a utilização adequada de instrumentos favorece a objetividade da observação. Entretanto, é preciso deixar claro que a observação psicológica torna-se mais sistemática quando atribui importância à coerência dos processos utilizados e à promoção de condições suficientemente bem definidas para serem reproduzíveis. A definição das condições da observação é fundamental e deve permanecer a mesma para todos os sujeitos observados a fim de que se possam efetuar comparações interindividuais

Segundo Reuchlin (1971), o simples exame dos dados brutos de uma observação dificilmente revela traços singulares e importantes. Sua quantificação, entretanto, favorece uma análise estatística complexa — por exemplo, correlações entre variáveis observadas — que permite ultrapassar a leitura direta dos dados.

Apesar da maior objetividade proporcionada pela sistematização, a observação não deve tornar-se por demais rígida para não deformar o próprio conteúdo observado, separando fundamentalmente observador, observado e os fatos importantes relativos a este.

3.2. Inquirição

Muitas informações sobre o domínio afetivo podem ser obtidas rapidamente através de uma inquirição sistemática. Sendo as respostas a um questionamento um dado não muito objetivo, sempre que possível deve-se associar a inquirição à observação.

São três os instrumentos usados na inquirição:

3.2.1. Questionário

Lista de perguntas usada para obter informações sobre opiniões e atitudes dos indivíduos. Existem três tipos de questionários: inventário, escala de atitudes e levantamento de opinião.

3.2.1.1. Inventário

Diante de uma série de afirmações, o indivíduo é solicitado a marcar aquelas com que concorda. Geralmente o inventário é utilizado como instrumento de auto-avaliação.

O indivíduo é seu próprio juiz, pois lhe cabe dar sua opinião a respeito das informações que lhe são apresentadas.

Ex.:
Eu não me canso rapidamente.
Acredito que existe uma conspiração contra mim (etc.).

O indivíduo pode responder: "certo", "errado", "não sei dizer"; ou pode simplesmente marcar com um *x* a resposta com que mais concorda.

Existem dois tipos de inventários: aqueles que se destinam a medir os interesses dos indivíduos (inventários de interesse profissional e vocacional) e aqueles que se preocupam em traçar um diagnóstico do sujeito (inventários de personalidade: lista de verificação de problemas, inventário de traços e de ajustamento).

O inventário de interesse de Angelini e Angelini é um exemplo do primeiro tipo, isto é, avalia os interesses profissionais do testando. As atitudes aparecem aos pares, cada par dentro de um quadrado, onde o indivíduo deverá marcar a atividade que mais gostaria de realizar fazendo um círculo ao redor da letra que a acompanha. Pode gostar igualmente das duas e fazer um círculo em torno delas; ou pode não gostar de nenhuma delas, devendo marcar um *x* na letra correspondente.

Ex.:

a) ler um livro sobre guerra
b) ler um livro sobre esporte

Os inventários de traços medem as diferenças individuais dentro da faixa de normalidade. O Inventário de Bernreuter constitui um exemplo desse tipo, pois avalia traços como tendências neuróticas, auto-suficiência, introversão-extroversão, etc.

Os inventários de ajustamento medem a capacidade do indivíduo para realizar ajustamentos satisfatórios quando exposto a condições de pressão e tensão. O Cornell Index é um exemplo típico.

A lista de verificação de problemas apenas identifica os problemas do indivíduo para uma orientação individual. Exemplo: Mooney Problem Check List.

De modo geral os inventários apresentam as desvantagens de possuírem itens ambíguos, isto é, itens que os indivíduos respondem apoiados em seus sentimentos gerais ou autoconceito; levam à tendenciosidade e à fraude por usarem respostas como sim, não, concordo, etc., e não indagam sobre respostas que dizem respeito a situações bem-definidas. Um bom *rapport*, a utilização de chaves de correção e o método de escolha forçada são alguns meios de que se pode dispor para minimizar tais dificuldades.

3.2.1.2. Escala de Atitudes

É uma combinação da escala de classificação com o inventário. O sujeito é solicitado a expressar sua atitude em relação a determinada afirmação, assinalando-a nessa escala.

Há dois tipos importantes de escalas de atitude: a escala do tipo Thurstone e a escala do tipo Likert. A primeira é usada para determinar a atitude geral de uma pessoa para com determinado assunto. Na elaboração dessa escala, deve-se obter o maior número possível de afirmações (100 ou mais) sobre o assunto em questão, exprimindo aspectos diversos, sejam eles favoráveis ou desfavoráveis. São apresentados em folhas separadas a juízes que as distribuem em pilhas (geralmente 1, 7, 9 ou 11), classificando-as desde as mais desfavoráveis (colocadas na pilha 1) até as que expressam juízos mais favoráveis (colocadas nas últimas pilhas — 7, 9 ou 11). É anotada a categoria em que cada juiz classifica cada afirmação. A distribuição das afirmações em pilhas constitui o processo de construção da escala.

Determinando-se o número de vezes em que uma afirmação é colocada na pilha, pode-se estabelecer a média de avaliação efetuada. Faz-se também uma avaliação da consciência dos julgamentos em cada afirmação. Eliminam-se as avaliações espalhadas em várias categorias, considerando-se apenas aquelas em que há um peso considerável de avaliação em uma categoria ou em um número limitado de categorias.

Uma vez construída, dão-se a cada indivíduo as pilhas que contêm tais afirmações e pede-se-lhe que marque aquelas com que concorda ou que acha estarem certas.

Ex.:
Atitudes dos alunos em relação à sua escola.

Afirmação	*Valor da escala*
1. Nunca consegui descobrir meu papel no meu grupo escolar.	9,72
2. Nunca tive oportunidade de usar minha experiência durante as aulas.	8,33
3. Em geral, sou tratado com respeito.	4,06
4. Sinto-me integrado ao colégio.	3,18
5. Penso que se deve ensinar todos os alunos utilizando-se os melhores métodos de ensino.	1,67

A atitude dos alunos em relação à sua escola será avaliada pelo valor médio das afirmações que eles assinalaram. Se um aluno assinalasse as afirmações 1, 2 e 3, o resultado seria:

$$\overline{X} = \frac{9,27 + 8,33 + 4,06}{3} = \frac{22,11}{3} = 7,37$$

Se a escala fosse de 10 (10 o mais favorável e 0 o mais desfavorável), uma atitude de 7,37 estaria mais próxima do lado favorável.

Na escala do tipo Likert, dá-se aos sujeitos uma proposição e eles devem expressar sua posição sobre a declaração que ela contém. Para cada declaração os sujeitos são solicitados a indicar sua atitude em relação a ela e o grau em que são afetados, colocando +3 se concordarem fortemente, +2 se concordarem moderadamente e +1 se houver apenas uma ligeira concordância. O afeto negativo é expresso por -1, indicando ligeira concordância, -2, discordância moderada, e -3, forte discordância.

Nesse método não há necessidade de juízes na classificação das informações. A consistência interna é o único critério para a seleção dos itens. A soma dos resultados das respostas escolhidas constitui a medida de um indivíduo em relação ao conteúdo da escala.

Ex.:
Escala de atitude em relação ao ensino pago nas universidades.

Pede-se aos sujeitos que assinalem suas respostas segundo a intensidade de sua concordância ou discordância. Devem escrever 1, 2, 3, 4 ou 5 ao lado de cada afirmação, conforme indicado:

1. Concordo plenamente.
2. Concordo em parte.
3. Não tenho opinião a respeito.
4. Discordo em parte.
5. Discordo totalmente.

( ) O pagamento obrigatório proporciona melhores condições de ensino.
( ) O ensino obrigatoriamente pago é uma violação dos direitos das pessoas não-privilegiadas.
( ) Com o ensino pago o aluno valoriza mais os estudos.
( ) Há maior organização nas universidades ou escolas onde o ensino é pago.
( ) A gratuidade do ensino oferece condições para que os alunos se aprimorem mais.
E assim por diante.

As escalas de atitude não são instrumentos perfeitos para o registro de sentimentos em relação a alguma coisa, mas, sem dúvida alguma, são melhores do que relatórios elaborados por terceiros sobre a atitude de um indivíduo.

3.2.1.3. Levantamento de Opinião

É o uso de um questionário que indaga apenas informações específicas sobre determinado assunto. Costuma ser apresentado sob a forma de questão única, em que os resultados finais vêm expressos em porcentagens de pessoas que dão cada tipo de resposta. Cabe a cada indivíduo marcar com um *x* a resposta que achar conveniente, representada por um sim ou não.

Ex.:
Qual a sua opinião sobre o seu trabalho?

1. Você o conhece bem?	Sim ☐	Não ☐
2. Ele o mantém muito ocupado?	Sim ☐	Não ☐
3. É de muita responsabilidade?	Sim ☐	Não ☐

E assim por diante.

Esse tipo de instrumento é muito útil em empresas quando se quer economizar tempo para obter informações mais simples. Em geral é usado anteriormente à entrevista, pois facilita a delimitação do tema que deve ser enfocado na mesma.

3.2.2. Entrevista

Trata-se mais de um processo de obtenção de informação do que propriamente de um instrumento, pois o inquiridor é aquele que ao mesmo tempo efetua o processo e o avalia. A entrevista é realizada objetivando diferentes fins. Pode ser destinada à pesquisa, à psicoterapia, ao aconselhamento e ao exame psicológico em geral.

Existem três formas de realizá-la. Uma delas é a *entrevista estruturada*, também chamada de diretiva ou sistemática. A segunda é a *não-estruturada*, não-diretiva ou ainda não-sistemática. E a terceira é uma mistura das duas anteriores, sendo por isso chamada de entrevista *mista*.

a) ENTREVISTA NÃO-ESTRUTURADA

As perguntas são de caráter geral, objetivando colher o maior número de informações livres sobre o indivíduo. A "não-diretividade" encoraja o sujeito a se expressar de modo como deseja e os comentários feitos são utilizados pelo entrevistador como forma de avaliar sua opinião e atitude em relação a alguma coisa.

Apesar de não ter uma ordenação rígida, existe um objetivo específico a ser atingido. A entrevista não-estruturada está "limitada" aos fins que se pretenda atingir. Dessa forma, cabe ao entrevistador intervir, quando necessário, no sentido de reconduzir o sujeito ao assunto que mais interessa. ("Você pode falar mais sobre esse assunto?")

Ex.:
No caso de uma entrevista clínica: "Que traz você aqui?" Com essa pergunta, o indivíduo se expressará abertamente sobre o que estiver querendo falar, e na direção desejada.
No caso de uma entrevista de empresa: "Gostaria que você me falasse um pouco sobre sua experiência profissional até o presente momento."

b) ENTREVISTA ESTRUTURADA
É realizada com base em uma série de perguntas que o entrevistador faz. Em geral essas perguntas são elaboradas anteriormente, e as respostas podem variar desde um simples sim ou não até respostas mais elaboradas. É algo parecido com um questionário aplicado oralmente.

c) ENTREVISTA MISTA
Pode acontecer que todas as informações necessárias tenham sido fornecidas através da entrevista não-estruturada, mas o que ocorre normalmente é que muitos dados importantes deixam de ser fornecidos e o entrevistador deve esclarecê-los através de investigação mais sistemática.

Assim, na entrevista mista, a entrevista estruturada segue-se à entrevista não-estruturada com o objetivo de melhorar a quantidade e a qualidade das informações colhidas.

A entrevista clínica tem por objetivo principal a análise, total ou parcial, da estrutura e dinâmica da personalidade do indivíduo. Sua finalidade é atingir um diagnóstico e, se for o caso, o encaminhamento para a terapia apropriada. Dados como histórico pessoal e histórico familiar devem ser colhidos para se alcançar tal fim.

A entrevista psicológica também é uma atividade importante na empresa. É empregada não apenas na admissão de pessoal, mas também durante a fase de promoção, transferência de cargo ou de indivíduos para outros setores, ou até mesmo no acompanhamento de indivíduos que estejam sendo desligados da empresa. A diferença entre esta e a primeira é que nesta a personagem principal é a empresa empregadora, enquanto na primeira é o indivíduo como pessoa.

Sistematização dos dados colhidos

A sistematização é feita em um quadro onde são computados os dados de significação causal e os dados de significação sintomática da conduta do entrevistado. Trata-se da "quantificação" da *observação*, que dá objetividade à entrevista e conduz, através da confrontação desses dois tipos de dados, às hipóteses diagnósticas.

Por dados de significação causal, entendem-se aqueles que se supõe serem a causa dos desajustes atuais da pessoa. Ex.: antecedentes familiares psicóticos.

Dados	*Hipóteses parciais*
1. Dados causais	
• Aos cinco anos apresentou traumatismo craniano e sintomas físicos como vômitos, desmaios, etc.	Organicidade; retardo mental.
• Percebe que todos o rejeitam e se vê inferiorizado.	Traços neuróticos.
• Apresenta fracassos na escola.	Traço neurótico; organicidade; retardo mental.
2. Dados sintomáticos	
• Tiques, gagueira, instabilidade psicomotora.	Organicidade; traço neurótico.
• Instabilidade emocional	Traço neurótico.
• Dificuldade de coordenação viso-motora.	Traço neurótico; organicidade.

∴ Hipóteses diagnósticas: organicidade e traços neuróticos.

Os dados de significação sintomática são caracterizados por comportamentos que podem estar ligados, de alguma forma, quer no passado, quer no presente, à problemática do sujeito. Ex.: instabilidade emocional e criação constante de neologismos.

Em decorrência desses dados, chega-se às hipóteses diagnósticas. O quadro da p.49 apresenta, de forma resumida, um exemplo que deve esclarecer bem o leitor.

Deve-se grifar que essas hipóteses têm de ser confirmadas com o auxílio de outros instrumentos.

3.3. Testagem

É a técnica que produz resultados mais eficientes. O único instrumento utilizado é o teste. É através dele que se obtêm informações acerca do domínio cognitivo, afetivo e psicomotor, apesar de ser mais útil para a coleta de dados na área cognitiva.

São dois os tipos de testes:

3.3.1. Testes Não-Padronizados ou Construídos pelo Professor

São instrumentos de que o professor se utiliza para medir a aprendizagem obtida pelos alunos em determinado curso. Sabendo-se que a medida do desempenho escolar é fundamental para uma educação eficiente, mediante objetivos preestabelecidos, pode-se mensurar o desempenho escolar a fim de verificar se tais objetivos foram alcançados. Nesse caso, os testes facilitam as observações que o professor realiza, permitindo fazer uma apreciação exata e definitiva.

São considerados não-padronizados porque não obedecem às regras específicas na sua fase de construção (instruções padronizadas, normas de interpretação, análise de itens, etc.).

3.3.2. Testes Padronizados

São instrumentos construídos por especialistas que se utilizam de dados previamente experimentados em grupos normativos. A aplicação deve ser realizada de modo rigoroso para que não haja interferência de variáveis no processo. São necessárias normas de aplicação, de correção e de interpretação fixadas num manual. Esses instrumentos são geralmente comercializados.

4· NOÇÃO GERAL SOBRE A TEORIA DOS TESTES

4.1. Conceito de Testes

Teste é uma palavra de origem inglesa que significa "prova"; deriva do latim *testis* e é usada internacionalmente para denominar uma modalidade de medição bastante conhecida hoje em dia em diversos campos científicos e técnicos.

Muitas vezes, a palavra teste vem expressa como sinônimo de medição, embora exista uma diferença entre os dois termos. "Uma medição só é chamada de teste se for usada, primordialmente, para se descobrir algo sobre o indivíduo, em vez de responder a uma questão geral. As medidas de limiares de som podem, claro, ser utilizadas como testes. Porém, mais tipicamente, um teste consiste em questões ou tarefas apresentadas a um indivíduo e as contagens obtidas não são expressas em unidades físicas de qualquer espécie" (Tyler, 1973). Quando os testes produzem contagem de pontos, podem-se usar ambos os termos, medição ou teste. Embora alguns testes de personalidade não devam ser considerados medições, pode-se dizer que a grande maioria dos testes é vista como instrumentos de medida.

Essencialmente, a finalidade de um teste consiste em medir as diferenças existentes, quanto a determinada característica, entre diversos sujeitos, ou então o comportamento do mesmo indivíduo em diferentes ocasiões — diferença inter e intra-individual, respectivamente.

O instrumento psicométrico mais típico é o teste. Todavia, não é o único. Trata-se de uma situação estimuladora padronizada (itens de teste e ambiente de aplicação) à qual uma pessoa responde. Os escores assim obtidos refletem a posição do indivíduo em relação a uma ou mais características psicológicas.

A necessidade de se avaliarem as diferenças intra e interindividuais já era uma preocupação na Antigüidade (ver histórico de medida), embora os primeiros problemas que estimularam o desenvolvimento dos testes no campo da psicologia tenham sido de origem clínica, com a finalidade de tratar os doentes mentais com base em critérios científicos.

Para H. Pièron (citado em Cerdá, 1972), um teste é uma prova definida com uma tarefa fixa a ser realizada pelos testandos. Soluções satisfatórias ou errôneas devem ser discriminadas pelo teste de forma a produzir um escore final, o qual permitirá uma avaliação. Ele distingue os testes de orientação pedagógica, em que se avaliam os conhecimentos adquiridos por uma pessoa, dos testes psicológicos, que abrangem funções sensório-motoras ou mentais. Na definição de Pièron, excluem-se os testes de personalidade.

Salientando essa limitação, Pichot define teste de outra maneira: "Um teste é uma situação experimental padronizada, servindo de estímulo a um comportamento. Este se avalia mediante uma comparação estatística com os de outros indivíduos colocados na mesma situação, podendo-se assim classificar o sujeito examinando do ponto de vista quantitativo ou tipológico" (citado *in* Cerdá, 1972).

Com essa definição, e de acordo com Cerdá (1972), algumas conclusões podem ser extraídas. Entende-se por situação experimental tudo aquilo que faz parte do teste e da aplicação do mesmo, definidos anteriormente, ou seja, material empregado, instruções, local da aplicação, atitude do examinador, etc. Essas condições precisam ser padronizadas para que se evitem variações nas condições da administração. Em segundo lugar, se o teste é um estímulo que gera uma resposta do indivíduo, o registro desse comportamento é deveras importante. Deve ser preciso para ser confiável. No caso dos testes em que cabe ao indivíduo registrar a própria resposta, não há problema. Entretanto, quando se precisa anotar a resposta do indivíduo e, ao mesmo tempo, observar sua responsividade não-verbal, todo o cuidado é pouco. Por exemplo, no teste TAT (Teste de Apercepção Temática), o aplicando conta estórias a respeito de pranchas que lhe são apresentadas pelo examinador. O conteúdo dessas pranchas é formado por figuras que inspiram estórias nas quais o sujeito se projetará. Cada palavra, cada gesto, cada rubor, etc. são importantíssimos na avaliação desse instrumento. A utilização de um gravador facilita a tarefa do experimentador, deixando-o livre para observar mais atentamente os comportamentos não-verbais. Mas nem todos concordam com sua utilização. O importante a ressaltar é que se tenha cautela para não colocar na estória palavras que não sejam do examinando, mas fruto de uma percepção distorcida.

Finalmente, Pichot fala em comparação do resultado com um grupo de sujeitos. Trata-se de um grupo-padrão denominado grupo normativo, cujas características se determinaram anteriormente e cujos resultados foram elaborados estatisticamente, servindo de normas para a interpretação dos resultados do teste. A construção dessas tabelas, denominada normalização, é fixada no manual do teste e serve para transformar os resultados brutos dos indivíduos em pontos da mesma natureza que os utilizados pelo grupo normativo. O processo de construção de normas será estudado posteriormente.

Anastasi (1975) considera um teste psicológico como uma medida objetiva e padronizada de uma amostra de comportamento. Raramente, no entanto, o objetivo do teste psicológico é a mensuração da amostra do comportamento diretamente abrangida por ele. Os itens do teste apenas fornecem uma correspondência empírica com o comportamento a ser previsto. O valor de predição ou diagnóstico de um teste — objetivos fundamentais do mesmo — dependem de sua boa representatividade como indicador de uma área de comportamento que se deseja estudar.

4.2. Classificação dos Testes

Não existe um modo inteiramente satisfatório de classificar os testes que seja adotado por unanimidade pelos diversos autores. Diferentes critérios podem ser adotados. Na tentativa de proporcionar o maior conhecimento possível sobre o assunto, resolveu-se integrar algumas das classificações consideradas mais significativas: a de Cerdá, a de Anastasi, a de Yela, a de Cronbach, a de Franck e a de Rosenzweig (as duas últimas apenas no que toca à classificação dos testes de personalidade).

Cerdá (1972) classifica os testes segundo três abordagens: o modo de administração (individual e coletivo), o modo de expressão (verbal, impresso, gráfico e de manipulação) e aquilo que medem (de eficiência e de personalidade).

Anastasi (1975), apesar de não ser tão sistemática, apresenta os critérios de classificação existentes e elabora críticas a respeito. Divide-os de acordo com o objetivo (de inteligência geral, de aptidão específica, de aproveitamento e de personalidade), o instrumento (lápis-e-papel e execução), o conteúdo dominante (verbal, numérico, espacial, etc.), o examinando (individual e coletivo) e a utilização da linguagem (verbal e não-verbal).

Yela (1979) especifica os testes ainda mais, classificando-os de acordo com as normas gerais do método (psicométrico e projetivo), o fim que se deseja atingir (de investigação, prático, de velocidade e de potência), quem os aplica (pessoais e impessoais), a forma de aplicação (individual e coletivo), o material empregado (de execução ou impresso) e a característica que se pretende mensurar (de rendimento, de aptidão e de personalidade).

O que será feito a seguir é definir cada uma dessas características, integrando-as em uma única classificação.

4.2.1. Segundo o Método Utilizado

De acordo com o método, os testes dividem-se em *psicométricos* e *projetivos.* Tem-se denominado método psicométrico ao procedimento estatístico sobre o qual se baseia a construção dos testes, assim como a elaboração dos dados da investigação. Entretanto, quando se trata da metodologia empregada para a obtenção dos dados, diz-se que um teste psicométrico é aquele cujas normas gerais utilizadas são quantitativas, o que quer dizer que o resultado é um número ou medida. Os itens do teste são objetivos e podem ser computados de forma independente uns dos outros, seguindo uma tabela (ex.: testes de inteligência).

Os testes cuja metodologia é projetiva, por sua vez, são aqueles cujas normas são qualitativas, ou seja, são testes menos objetivos. O resultado se expressa através de uma tipologia. Por terem uma avaliação qualitativa, evidentemente que seus elementos (itens de teste) não podem ser medidos em separado. E a constância de certas características avaliadas no teste como um todo que dará a relativa certeza de um diagnóstico (ex.: testes de personalidade em geral).

Uma ressalva deve ser feita: essas diferenças não são absolutas, pois existem aspectos qualitativos nos testes psicométricos e aspectos quantitativos nos testes projetivos. Os testes puros, em qualquer dos casos, acabam por limitar as informações.

4.2.2. Segundo a Finalidade

Nesse caso, dividem-se em *testes de velocidade*, ou rapidez, e *testes de potência*, ou nível.

Os testes puros de velocidade medem a rapidez de raciocínio ou execução de determinada tarefa. Caracterizam-se pelo tempo certo de administração e pelo fato de serem homogêneos, isto é, medirem o mesmo fator comum em todos os itens. Apresentam o mesmo grau de dificuldade, sendo seus itens muito fáceis para se ter como variável apenas a rapidez de execução. Seus resultados expressam-se em forma numérica, embora também se possa avaliar a qualidade da tarefa (ex.: Teste Toulouse-Pièron de atenção concentrada).

Os testes puros de potência são aqueles que medem, não a rapidez da execução, mas a qualidade da mesma. Avaliam a potencialidade do indivíduo em relação a alguma característica. Os itens apresentam-se em dificuldade crescente — teste heterogêneo — e isso toma mais tempo para a sua realização. Não se pode dizer que o tempo é ilimitado, pois isso implicaria ter-se que estar à disposição do testando. Trata-se de um tempo-limite considerado suficiente para se completar a tarefa proposta.

Como bem afirma Anastasi (1975), "a distinção entre testes de rapidez e de capacidade é de grau, e não permite uma divisão em dois grupos. Na realidade, a maioria dos testes depende, em diferentes proporções, tanto da rapidez quanto da capacidade. É importante saber qual a extensão da rapidez e da capacidade na realização de qualquer teste. Essa informação é essencial não apenas para a interpretação correta dos resultados obtidos em qualquer teste, mas também para a sua avaliação técnica" (p.45).

4.2.3. Segundo a Influência do Examinador

Segundo a influência do examinador, os testes podem ser *pessoais* ou *impessoais*. Esse é um critério importante, já que a influência do examinador pode favorecer ou desfavorecer o escore do examinando. Nos casos em que é extremamente necessária a presença do examinador para explicar a tarefa, observar atitudes, etc., sua personalidade e sua conduta influem consideravelmente no resultado. O teste é pessoal quando essa influência é bem evidente. Ao contrário, nos testes impessoais o examinador se limita a administrar o *rapport*. Geralmente esses testes são auto-administrados, pois vêm com instruções impressas, cabendo ao examinando apenas segui-las para respondê-las.

Em princípio, todos os testes são pessoais — o que varia é o grau de influência. Os testes projetivos, em maior grau, e os testes psicométricos, em menor grau, são exemplos disso.

4.2.4. Segundo o Modo de Administração

Segundo o modo de administração, os testes podem ser *individuais*, *coletivos* e *auto-administrados*. Chama-se teste individual aquele que exige apenas a presença de um examinador e um examinando, não se podendo aplicá-lo a um grupo de sujeitos simultaneamente. Suas instruções são complexas, exigindo maior treino por parte do aplicador, principalmente no que diz respeito à coleta das informações não-verbais expressas pelo candidato. A má administração influi diretamente no rendimento do indivíduo. São muito pessoais (ex.: TAT, Rorschach, PMK, etc.) Os testes coletivos não exigem um contato tão direto entre examinador-examinando. São mais simples e qualquer um, com um pequeno treino, pode administrá-los. Por isso são realizados em grupo, apresentando como vantagem a economia de tempo (ex.: Baterias de Aptidões).

Os testes que possuem instruções na capa, não determinam tempo e dispensam a presença de um aplicador, tamanha a facilidade com que são executados, são chamados de testes auto-administrativos. Podem ser aplicados coletivamente ou mesmo de forma individual, desde que adaptados às exigências da situação.

4.2.5. Segundo o Modo de Expressão

Testes verbais e *testes impressos* são aqueles que fazem uso da linguagem. Geralmente são coletivos. Nos primeiros, o sujeito dá as respostas verbalmente, cabendo ao examinador estar atento ao registro das mesmas. Nos segundos, também chamados testes de lápis-e-papel, o examinando precisa registrar suas próprias respostas variando apenas quanto à natureza da tarefa realizada — solução de problemas, marcação com um X, resposta livre a questionário, etc. Mas existem testes impressos não-verbais, isto é, os estímulos do teste prescindem de linguagem (ex.: INV).

Alguns testes também podem ser expressos graficamente. Trata-se daqueles em que o sujeito tem de realizar algum traçado ou desenho — os *testes gráficos* (HTP, PMK, por exemplo).

Os *testes de execução* ou de *manipulação* são os que se utilizam de objetos para a execução de uma tarefa específica. Geralmente são individuais (exemplo: Teste de Pequenas Peças de Crawford).

Os testes gráficos e os de execução não fazem uso da linguagem e são, portanto, não-verbais. Constituem importantes instrumentos para medir os distúrbios emocionais, pois o comportamento não-verbal é o mais sensível a alterações na emocionalidade. São bons instrumentos para indivíduos com deficiências de linguagem, surdos, analfabetos e que não dominam bem o idioma (falantes de língua estrangeira).

4.2.6. Segundo a Organização

De acordo com esse critério, os testes se dividem em *testes isolados, baterias* e *escalas*. As baterias são conjuntos de testes que se destinam a medir a capacidade de diferentes indivíduos. As escalas são séries graduadas de provas que permitem uma classificação graduada dos indivíduos, geralmente por nível de desenvolvimento.

O que se precisa saber é que nenhum teste isolado medirá todas as capacidades ou características dos indivíduos. Por exemplo, quando se trata de habilidade exigida de um indivíduo para preencher um cargo, a aptidão não é algo isolado. Consiste, sim, em um conjunto de habilidades, e se necessita de todas elas para a obtenção de êxito. Faz-se mister o uso, não de um único instrumento, mas de um misto deles, ou seja, de uma bateria. Há dois métodos básicos quanto ao uso dos testes em uma bateria: o método de regressão múltipla e o da correlação múltipla, ambos já supondo os testes válidos. "O método de regressão múltipla compreende a aplicação dos testes, um de cada vez, e a eliminação dos candidatos no teste em que seus resultados não atingirem nível satisfatório. Depois de o primeiro teste ser administrado, os candidatos com resultados baixos são eliminados. Esse grupo não será submetido a novos testes. De igual modo, depois de o segundo teste ter sido aplicado, mais candidatos serão eliminados. Esse mesmo processo é seguido para todos os testes da bateria. Ao final, restam apenas os candidatos com um resultado mínimo aceitável em cada teste de bateria" (Tiffin-McCormick, 1975, p.203). Com esse método, obtém-se um resultado médio nos testes da bateria e, dependendo do cargo ou função à qual esta será aplicada, escolhem-se os testes cujos resultados na regressão múltipla são necessários e suficientes para um indivíduo atingir. Pode-se exigir que os indivíduos obtenham um resultado médio em apenas dois testes, por exemplo.

"O outro método de combinar testes requer o cálculo da correlação múltipla entre o critério e a melhor combinação de resultados do teste. Por meio de métodos estatísticos, os resultados de vários testes podem ser combinados num resultado composto, de modo que cada um é ponderado para dar a máxima correlação entre o resultado da bateria de testes e o critério" (Tiffin-McCormick, 1975, p.203).

4.2.7. Segundo o Atributo Medido

Segundo o atributo medido, os testes dividem-se em *de rendimento*, aproveitamento ou realização; *de aptidão* e *de personalidade*.

Os *testes de aproveitamento* servem para medir o grau de eficiência na realização de uma tarefa aprendida. O objetivo é medir, objetivamente, o conhecimento que o indivíduo adquiriu sobre algo, em relação ao seu grupo. São muito usados em empresas quando se exigem candidatos especializados para a obtenção de promoções. Também para objetivos educacionais, seja avaliar o desempenho no final de um curso ou medir a aprendizagem vocacional especializada.

Existem testes de rendimento escolares e profissionais. Enquanto os primeiros são tradicionais exames acadêmicos, medindo o grau de aprendizagem em determinada disciplina, os testes profissionais avaliam a competência de profissionais em determinadas ocupações, no momento da aplicação. Esses últimos, geralmente, reproduzem as operações exigidas no trabalho que o indivíduo realiza ou realizará. Existem também os testes não-práticos, que são testes escritos de aproveitamento feitos para uma situação particular. Há três subdivisões: testes de diagnóstico (indicam algum tipo de deficiência na aprendizagem), testes de aproveitamento para uma disciplina particular e baterias de aproveitamento (medem o aproveitamento do indivíduo em geral).

Os *testes de aptidão* medem o "potencial" do indivíduo para aprender ou realizar uma tarefa. Anteriormente, achava-se que se tratava de capacidades "latentes", bastando um pequeno treinamento adequado para que fossem atualizadas. Hoje se reconhece que isso é um tanto ingênuo. As realizações dos testes de aptidão refletem influências acumulativas de numerosas experiências da vida diária. A aprendizagem é realizada sob condições não-controladas ou desconhecidas. Além do mais, todos os testes psicológicos medem o comportamento atual, e este está carregado de influências da aprendizagem anterior. Uma forma de subdivisão desses testes é: testes de aptidão geral ou testes de inteligência geral; testes de aptidão específica; testes de aptidão especial.

Os testes de aptidão geral (Fator G) medem a inteligência como um todo; dão a medida geral da esfera intelectiva. São os testes que se referem, ao mesmo tempo, a diferentes aspectos da atividade inteligente. Como exemplo desses instrumentos, temos o INV, o Barcelona, o Raven, o Dominó, etc. Os testes que medem o Fator G dividem-se em testes ou escalas que avaliam o desenvolvimento mental, ou seja, a inteligência em seu aspecto evolutivo (ex.: escala Stanford-Binet e Raven) e testes de capacidade mental que mensuram a função intelectiva já desenvolvida (ex.: INV, CIA, etc.).

Entretanto, sabe-se que não existe apenas uma capacidade mental. Thurstone (1948), pela análise fatorial, identificou os diferentes fatores intelectuais: compreensão verbal, fluência verbal, memória, raciocínio indutivo, facilidade numérica, rapidez de percepção e visualização espacial. Formam os diferentes testes de aptidão diferenciada, pois medem esses fatores individualmente. Quando se relacionam às exigências de determinada situação, são chamados testes de aptidão prática — por exemplo, os testes de aptidão para a matemática. De acordo com o conteúdo dominante, isto é, o fator específico a ser explorado pelo teste, podem ser divididos em testes de aptidão verbal, numérica, espacial, etc.

Os testes de aptidão psicomotora medem a capacidade muscular e sensorial, separadas ou em conjunto. São os testes de destreza, manipulação, etc. Essa aptidão é independente da capacidade intelectual: a correlação é baixa.

Os testes de aptidão visual medem, como o nome diz, a sensibilidade visual: acuidade visual, percepção de profundidade, discriminação de diferenças, etc.

Logo, chamam-se de aptidão especial os testes de aptidão mais específicos que têm aplicação única para propósitos particulares.

Os testes de personalidade

Os testes de personalidade medem as características de personalidade propriamente ditas, que não se referem aos aspectos cognitivos da conduta. Ex.: estabilidade emocional, atitude, interesse, sociabilidade, etc.

Sabendo-se que a personalidade do indivíduo muda constantemente, surge a seguinte pergunta: Que medir? Na verdade, medem-se características mais ou menos constantes da personalidade — mesmo assim, em determinado momento.

Os testes de personalidade podem ser divididos, de acordo com o objetivo, em sintéticos (medem a estrutura geral da personalidade) e analíticos (avaliam traços isolados da personalidade, como atitudes por exemplo). De acordo com o processo em que são efetuados, subdividem-se em: subjetivos (os questionários de personalidade nos quais o indivíduo responde livremente e de modo pessoal às perguntas), expressivos (medem aspectos da personalidade que são captados na execução de uma tarefa, onde o indivíduo se deixa expressar), projetivos (o indivíduo projeta-se no conteúdo de teste), objetivos (atinge-se a característica de personalidade por meios objetivos) e situacionais (observa-se a personalidade do indivíduo em uma situação ao vivo).

Cronbach (1960) chama os testes de personalidade de testes de execução típica ou habitual, em oposição aos testes de execução máxima, que são os testes de habilidade (inteligência, aptidão e aproveitamento). Naqueles o indivíduo não precisa esforçar-se para resolver uma tarefa do melhor modo possível, mas agir de forma habitual diante de uma situação-estímulo padronizada. Dividem-se em testes psicométricos (provas objetivas que se baseiam em normas quantitativas) e técnicas interpretativas, chamadas de técnicas impressionistas, que indagam sobre a estrutura da personalidade. Nestes o intérprete do teste avalia especialmente o aspecto qualitativo. Quando a técnica projetiva tem como objetivo avaliar a forma com que o indivíduo manipula determinada situação, enquadra-se na categoria estilista — ex.: Rorschach e Bender; quando, no entanto, a atenção é o conteúdo das fantasias e dos pensamentos do indivíduo, ele é classificado na categoria temática. Exemplos desses testes são o TAT, o Szondi e o Zulliger.

Quanto ao estímulo eliciador de respostas, os testes de personalidade podem dividir-se em estruturados e não-estruturados. Os inventários estruturais subdividem-se em listas de verificação de problemas, inventários de traços (ênfase nas diferenças individuais situadas na faixa da normalidade), inventários de ajustamento (medem a capacidade do indivíduo de realizar ajustamento satisfatório sob condições de pressão e tensão) e escalas de atitudes e valores. São as técnicas analíticas de personalidade, pois trabalham com traços, focalizando aspectos mais periféricos da mesma.

Os inventários não-estruturados são as técnicas projetivas e expressivas de personalidade. São conjuntos mais homogêneos que enfatizam a interpretação global da personalidade. Esta é vista de modo mais profundo, através das interpretações que os indivíduos dão aos estímulos ambíguos que lhes são apresentados.

As técnicas projetivas podem ainda ser classificadas, de acordo com o uso funcional do material — aspecto explorado por Franck (1939) —, em constitutivas (é a estruturação do estímulo ambíguo. Ex: Rorschach), interpretativas (o indivíduo dá um significado especial ao estímulo. Ex.: TAT), construtivas (o indivíduo constrói uma situação com o material, de forma livre e pessoal. Ex.: Pirâmides de Pfister), catárticas (técnicas lúdicas em que o indivíduo extravasa material ansiogênico).

Rosenzweig (1949) ainda encontra outra classificação, isto é, segundo o processo personalístico envolvido na testagem. São os testes aperceptivos dinâmicos, como o TAT, os testes perceptivo-estruturais, como o Rorschach, e os testes motor-expressivos, como o PMK e o HTP.

Evidentemente, essa classificação não está esgotada, mas pode fornecer ao leitor, de forma clara e simples, uma visão dos tipos de testes existentes.

4.3. Critérios para a Utilização dos Testes Psicológicos

Para que um teste psicológico atinja seus objetivos como instrumento de medida cientificamente válido, é necessário que o usem de forma adequada. É imprescindível o controle em relação à sua utilização, limitando-lhe a venda e o uso a pessoas habilitadas para tal, e também evitando a divulgação de seu conteúdo.

A necessidade de se permitir a administração dos testes somente a pessoas preparadas é importantíssima, uma vez que qualquer um que tenha iniciado o estudo em algum instrumento objetivo já se acha pronto para fazê-lo indiscriminadamente em relação a outros testes mais trabalhosos. Evidentemente, um mínimo de preparo é necessário, variando a qualidade do treinamento de acordo com a complexidade do instrumento. Os testes de personalidade exigem maior esforço e compreensão por parte do aplicador, por exemplo. Além do mais, um estudo psicológico especializado é preciso para desenvolver os resultados e interpretá-los. Em algumas empresas, permite-se a administradores, engenheiros e pedagogos administrar testes de personalidade, o que torna completamente absurda tal atividade. A oportunidade para um aconselhamento ao candidato pode ser conveniente, e isso não pode ser feito por quem não tenha tido um treinamento adequado, pois muitas vezes o resultado afeta emocionalmente o sujeito que se submete ao teste. É preciso deixar claro também que a aplicação e a correção de testes de personalidade são definidas legalmente como privativas de prática do psicólogo.

Outro aspecto igualmente importante diz respeito à divulgação do conteúdo do teste. Não é necessário dizer que o conhecimento das respostas de qualquer instrumento desqualifica o resultado alcançado. Além do cuidado quanto à aquisição das respostas, que pode ser evitado pela limitação da distribuição a profissionais gabaritados e com objetivos declarados, o autor do teste deve ter o cuidado de revalidar e atualizar as normas de seu instrumento para que este não fique "caduco" do ponto de vista do desenvolvimento sociocultural.

Alguns aspectos devem ser observados quando se quer utilizar o teste como instrumento de medida. De acordo com van Kolck (1981), três aspectos podem ser examinados para a maior compreensão da utilização plena do teste: escolha, aplicação e avaliação.

4.3.1. A Escolha do Teste

O *objetivo* do estudo e/ou a relevância do teste para o problema em questão é o primeiro fator a ser considerado. Se o objetivo é realizar uma seleção profissional, por exemplo, através da descrição do cargo chega-se à escolha dos testes que irão compor a bateria.

Em segundo lugar, deve-se estar atento às *características dos sujeitos* que sofrerão a aplicação — sexo, idade, escolaridade, etc. —, as quais determinam o tipo de teste a ser utilizado. Como exemplo disso, pode-se mencionar o INV, teste de inteligência não-verbal que, como o nome indica, não necessita do uso da linguagem, sendo por isso indicado para pessoas de baixo nível de escolaridade. O TAT (Teste de Apercepção Temática) leva em conta a variável sexo, já que dispõe de pranchas comuns aos sujeitos de ambos os sexos e pranchas que são usadas separadamente para sexos diferentes.

Existem *requisitos básicos* em relação ao próprio teste que são extremamente relevantes: trata-se da *validade*, da *fidedignidade* e da *padronização* do instrumento. São *qualidades primárias*, pois delas depende a confiança que se deposita na escolha do teste. Diz-se que um teste é válido quando ele mede realmente o que pretende medir. Por fidedignidade entende-se a capacidade do teste de repetir os resultados em ocasiões diferentes. Padronização é o processo de fixação das normas do teste, para que este possa ser usado de forma uniforme e inequívoca. Esses assuntos serão discutidos mais adiante e separadamente. Por ora, fica clara a necessidade de se ter conhecimento desses requisitos, pois do contrário não se "sente" o teste e, portanto, não se confia nele.

As *qualidades secundárias*, que também devem ser consideradas sempre que possível, dizem respeito à simplicidade técnica, à economia, à facilidade e à rapidez de aplicação, ao interesse despertado pela tarefa, à verba disponível, ao tempo que poderá ser despendido na administração, à avaliação e interpretação, etc. Quanto a essas características, basta consultar um catálogo de testes que fornecerá as informações apropriadas para cada caso.

4.3.2. A Aplicação do Teste

A aplicação de um teste deve obedecer rigorosamente às instruções contidas no manual, o tempo estabelecido para a sua execução e outras recomendações especificadas. A modificação de tais instruções invalida o teste.

Além disso, o aplicador precisa estar convenientemente preparado de modo a evitar imprevistos durante a aplicação. De posse do conhecimento das condições necessárias para aplicações contidas no manual (padronização rigorosa), e do treinamento que já deve possuir, precisa prever situações que possam ocorrer sem o seu controle. Indica-se uma aplicação simulada, diante de aplicadores experientes, que fornecerá informações quanto a certos momentos difíceis da prática. Satisfeita essa condição, o aplicador precisa estruturar-se quanto à utilização do material. Por exemplo, ao usar uma bateria, deve colocar os testes na ordem previamente determinada, para não se confundir; deve ter em mente o tempo de duração do teste ou, se precisar, tê-lo anotado na mesa junto aos instrumentos; deve-se dispor do dobro do número de lápis necessários à primeira vista, pois é preciso contar-se com o fato de que o examinando poderá quebrar a ponta do seu, o que pode alterar seu tempo de execução da tarefa.

As *condições físicas* gerais para a aplicação de um teste também devem ser objeto de cuidados: tamanho e iluminação da sala, arejamento, temperatura, influência de elementos perturbadores, uso de cadeiras para destros e canhotos, etc. Pode parecer secundário, mas essas condições alteram sensivelmente o bom desempenho em qualquer atividade, principalmente no teste, já que neste caso a tensão está constantemente presente.

Sabendo-se que as atividades anteriormente desenvolvidas pelos aplicandos podem influenciar seu desempenho, talvez seja necessário que o aplicador, durante a fase de relacionamento inicial, peça que os sujeitos as especifiquem em uma folha separada, no caso de aplicação grupal, ou verbalmente, no caso de aplicação individual. Perturbação emocional, fadiga e outros problemas podem ser conseqüências de tais atividades prévias e, provavelmente, afetarão o teste. Esse relacionamento estabelecido entre aplicador e aplicando, que na verdade é o agente catalisador para a obtenção do melhor rendimento possível dos sujeitos, é chamado *rapport.* Não há regras definidas e explícitas para o bom estabelecimento de um *rapport*, pois se trata de uma atitude básica que já faz parte da pessoa o saber aceitar e compreender outras pessoas de forma objetiva e imparcial. Geralmente o examinador conversa com o examinando sobre o que vai fazer; por que precisa ser testado; dependendo do nível de instrução, ele explica em linguagem acessível o que é uma testagem; deve esclarecer sobre o tempo disponível para a realização da tarefa, e que lhe caberá controlar esse intervalo, pois, caso o indivíduo se preocupe em ver o relógio a todo o momento, ele perderá tempo e deixará de se concentrar no que está fazendo; explica que a "cola" apenas desfavorece o candidato, já que as características que aparecerão no resultado do teste serão de outro e não dele, podendo, inclusive, ser inferiores às suas. E assim por diante. Todas essas explicações têm como finalidade aumentar a motivação e reduzir a *ansiedade* dos indivíduos.

Apesar de motivá-los, o examinador sabe que é importante que o indivíduo consiga um rendimento máximo por meio de seus próprios esforços, sem uma ajuda "exata". Motivar não é o mesmo que "empurrar" o sujeito para determinada tarefa. O uso de incentivos para despertar a motivação só deve acontecer na medida em que estes estiverem determinados e explicitados no manual do teste. O importante é que as expectativas e predisposições do examinando, depois de aplicado o *rapport*, se mostrem mais condizentes com a realidade da situação.

A ansiedade, por sua vez, é mais difícil de ser eliminada. Toda situação de testagem é, por si mesma, ansiogênica, e a influência que esse fator exerce vem sendo muito pesquisada ultimamente. Tem-se constatado que um pequeno grau de ansiedade vem a ser benéfico — fator que aumenta a disposição para a tarefa —, ao passo que quantidades superiores a esse nível "ótimo" são prejudiciais (van Kolck, 1981), Como ainda não se pode prever de forma objetiva esse limite tolerável, acredita-se que o bom estabelecimento de uma relação empática possa minimizar a ansiedade prejudicial da situação específica da testagem.

Outro aspecto a ser considerado na aplicação é a exposição que muitos candidatos vêm tendo, em processos seletivos sucessivos, ao mesmo instrumento. Isso provoca o que se costuma chamar de *efeito-prática.* Em geral se desaconselha o reteste, principalmente se for realizado após um pequeno intervalo de tempo, devido à modificação que uma prática anterior introduz nos resultados. Os comentários entre os próprios candidatos após a realização do teste sempre levam a uma aprendizagem do conteúdo do mesmo. Pode-se reduzir sensivelmente essa influência usando as chamadas formas paralelas. Entretanto, é necessário ter conhecimento dos instrumentos a que os indivíduos já se submeteram anteriormente. No próprio *rapport*, pode-se fazer essa questão. Geralmente, pede-se que os sujeitos descrevam os tipos de instrumentos que já lhes foram aplicados. Evidentemente que não há um controle absoluto de tal situação. Fraudes ocorrem constantemente, até mesmo na omissão de informações aparentemente sem importância para o aplicando. A *fraude* é uma forma de simulação dos resultados. Na maioria das vezes, é feita conscientemente. O mais comum é o falseamento dos resultados para melhor, ou seja, simula-se uma situação de forma a obter uma imagem melhor de si mesmo diante do aplicador. Os processos mais utilizados são a "cola", a extensão indevida do limite de tempo, a aquisição anterior dos itens, etc. Nos testes de personalidade, já que não existem respostas certas ou erradas, a falsificação ocorre principalmente nos inventários de traços e nos testes de interesse, podendo se dar também nas técnicas projetivas mais divulgadas. Essa fraude acontece com maior freqüência em situações competitivas em que o indivíduo se preocupa com a avaliação de sua personalidade. Pode ocorrer a fraude também quando o indivíduo, sem o saber, tem necessidade de ser aceito ou precisa superestimar suas qualidades.

Há casos, todavia, em que o falseamento dos resultados do teste se dá para pior. Pode parecer estranho alguém minimizar a si mesmo diante de uma situação competitiva, mas isso pode ser explicado quando o indivíduo não deseja ocupar determinado cargo e se vê obrigado a competir por ele, ou quando a insanidade ou a deficiência são convenientes para a obtenção de outro objetivo — por exemplo, aquisição de pensões, dispensa do serviço militar, etc. Nos testes de personalidade, pode-se tentar minimizar tal falseamento construindo-se instrumentos cujo objetivo, expresso nas perguntas, não seja tão evidente para o examinando.

4.3.3. A Avaliação

A avaliação dos resultados pode ser feita durante ou depois da aplicação dos testes. Nas escalas de desenvolvimento, para que se passe de uma etapa a outra, é necessário que se avalie o desempenho do indivíduo durante a aplicação. Seja qual for o momento da avaliação, esta será mais eficiente quanto menos esforço se precisar despender. Nos testes objetivos, a correção é geralmente feita através de crivos ou chaves de correção que facilitam o trabalho. É aconselhável haver uma revisão da correção por outra pessoa para que se tenha certeza absoluta quanto à avaliação. No caso dos testes subjetivos, esse processo é mais complicado, pois existem diversos passos a seguir e o examinador deve ser rigorosamente treinado para tal atividade.

Enfim, seja qual for o tipo de teste, a avaliação dos resultados deve ser feita de forma precisa, hábil e com economia de trabalho.

4.3.4. Vantagens e Desvantagens do Uso dos Testes

Deve-se reconhecer o fato de que os testes não são infalíveis e não devem ser considerados como os únicos instrumentos para o fim a que se destinam. Seu uso é necessário, mas não dispensa a observação e a entrevista, que complementam sua interpretação. Por ser uma amostra de comportamento, o teste é relativamente econômico quanto ao tempo, sendo útil e prático quando se trata de avaliar grande número de pessoas simultaneamente. Seu emprego é útil para formular prognósticos e também como técnica de investigação.

Entretanto, apresenta algumas desvantagens. Não se pode abranger a totalidade do comportamento medido por um teste. Além do mais, a menos que se complementem os dados com entrevista e observação acuradas, a interpretação do teste é falha, pois não se pode avaliar a situação em que o indivíduo se encontra no momento.

Observação: Pratique agora os seguintes exercícios: 45, 46, 47, 48, 49, 54, 58, 59, 81, 82, 83, 84, 86.

5· Fundamentos Estatísticos para a Construção dos Testes

O primeiro passo a ser tomado na construção de um teste consiste em determinar e definir precisamente o objetivo que se pretende alcançar. Somente após a delimitação da área da conduta que se deseja medir é que a variável é passível de mensuração.

Na escolha dos itens que irão compor o teste, duas bases precisam ser consultadas como apoio: a base teórica e a base empírica. Na primeira, selecionam-se os itens segundo a conexão teórica com o traço a ser medido. No segundo caso, a escolha é determinada pela relação estatística com uma ou mais situações práticas (Hays, 1970). Quando se usa o critério teórico, destacam-se todos os comportamentos característicos do atributo estudado e, com base nisso, constrói-se o teste. Os itens de teste são preparados para se equivalerem à definição do construto. A segunda é a seleção de itens de acordo com sua correlação com algum critério. Um exemplo do procedimento empírico seria a busca de dois grupos extremos de pessoas — um grupo contendo a característica e o outro não a contendo. Então se aplicaria a cada elemento de cada grupo um conjunto de itens heterogêneos. Estes seriam avaliados conforme o grau em que discriminassem os dois grupos. Os itens discriminadores seriam usados no teste. O problema desse método é selecionar um grupo variado de itens com baixa consistência interna. Além do mais, o propósito de construção de um teste não é predizer um critério particular. Entretanto, esse método é útil para testes preditivos.

Uma vez escolhidos os itens, estuda-se a modalidade de apresentação: de múltipla escolha, de completamento, etc. O que se segue são as diferentes formas de itens que normalmente aparecem no teste.

Modalidade de apresentação dos itens

a) MÚLTIPLA ESCOLHA

Os itens de múltipla escolha consistem numa pergunta ou afirmação que precisa ser completada, apresentando opções de respostas das quais somente uma será a correta. A escolha da opção deve ser resultado de uma tomada de posição do sujeito diante da problemática que o envolveu (análise crítica, decisão).

Ex.:
Teste de Habilidade Numérica da DAT.

$\frac{11}{4} = \frac{77}{?}$

A. 77/28
B. 28
C. 44
D. 308
E. Nenhuma das acima

b) ALTERNATIVA

A questão é seguida de duas opções somente, constituídas de termos mutuamente excludentes, um afirmativo, outro negativo. É sobre a veracidade ou falsidade da afirmação que o indivíduo deverá pronunciar-se.

Ex.:
Teste de Velocidade de Cálculo (Senac)

52
48
30 (C) (E)
———
130

c) SERIAÇÃO OU ORIENTAÇÃO

O sujeito deve colocar numa ordem especificada uma série de conceitos apresentados ao acaso. O critério de ordenação pode ser cronológico ou outro, conforme o caso.

Ex.:
Teste de Planejamento e Organização (PUC)

A. retoques finais
  a. dar brilho nos cromados
  b. secar e limpar os vidros
B. lavar a carroceria do carro
  a. lavar o capô e a traseira do carro
  b. lavar as laterais, o pára-lamas e as rodas
  c. lavar a parte de cima do carro
C. limpar o carro por dentro
  a. varrer o chão do carro
  b. limpar os cinzeiros
  c. passar o aspirador de pó no estofamento.

d) TERMO CORRESPONDENTE

Trata-se de dois conjuntos de elementos dispostos em colunas, mantendo entre si uma correspondência. Compete ao sujeito formar pares ordenados com esses conjuntos, de acordo com determinada ordem, expressa na própria questão.

Ex.:

(1) Amazonas	( ) Rio de Janeiro
(2) Maranhão	( ) Recife
(3) Paraná	( ) Curitiba
(4) Pernambuco	( ) Goiânia
	( ) Manaus
	( ) São Luís

e) PERGUNTAS SIMPLES

Perguntas diretas, que elicitam no sujeito respostas que podem vir representadas por palavras, números, símbolos ou frases curtas.

f) LACUNA

Frase onde falta uma ou mais palavras-chave numa ou mais proposições.

Ex.:

Teste de Raciocínio Verbal da Bateria DAT.
... está para água assim como comer está para...

g) IDENTIFICAÇÃO
O sujeito deve apontar designação, finalidade ou função daquilo que está assinalado, relacionando palavras de uma coluna a expressões de outra.

Ex.:
Teste de Sinônimos (Cepa)

	querido	amigo	agradável
Lindo			
	belo	gostoso	bondoso

h) INTERROGAÇÃO
Perguntas simples para as quais há apenas uma resposta correta.

i) COMPLEMENTAÇÃO
Frase em que falta(m) a(s) última(s) palavra(s) ou número(s).

Ex.:
Séries Numéricas (Cepa)
5 8 11 14 17 ... ...

j) CANCELAMENTO
Nesse tipo de item, a finalidade é a exclusão e não a inclusão de uma resposta. Exclui-se o elemento que não pertence ao conjunto exposto.

Ex.:
Teste TG_7

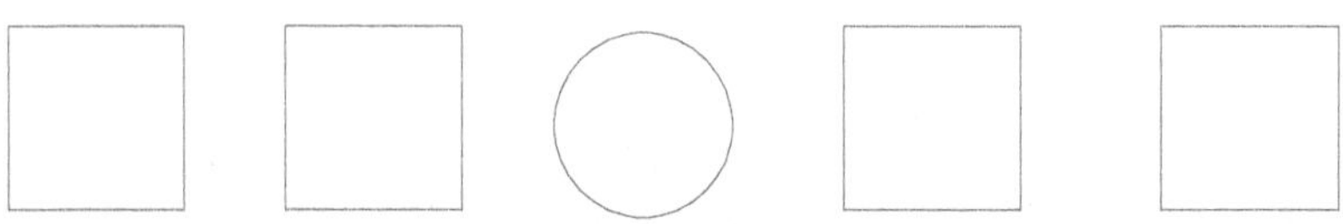

Na análise dos itens que vão compor o teste, devem-se ressaltar alguns aspectos importantes: validade do item e grau de dificuldade, extensão e tempo de duração do teste.

Por validade de um item entende-se o grau em que ele mede a propriedade psicológica que se supõe que meça. "Um item é considerado válido na medida em que existem amplas diferenças de desempenho entre os membros dos diversos grupos de critério. É também considerado válido na medida em que os indivíduos que têm um desempenho diferente com relação a ele também apresentam diferenças numa ou noutra medida desse mesmo traço" (Hays, 1970). A homogeneidade é um dos aspectos da validade. Quanto mais homogêneos forem os itens do teste, maiores serão as evidências de estarem medindo o mesmo aspecto — são itens fortemente correlacionados. Um método estatístico para se averiguar essa correlação é o coeficiente phi.

A dificuldade do item está relacionada ao desempenho de um grupo. É a proporção de indivíduos que nele são reprovados. Uma vez escolhidos, os itens são organizados segundo o grau de dificuldade — dos mais simples aos mais complexos, no caso dos testes heterogêneos. Nesse segundo passo da construção, os itens são aplicados a um certo número de juízes — geralmente dez — que tenham conhecimento do assunto e de testes em geral. Os juízes avaliam-nos em seus diferentes aspectos e, a partir das críticas, se fazem modificações (se necessário). O processo de análise de itens será explicado a seguir.

Numa penúltima fase — a fase experimental —, o teste é aplicado a uma amostra representativa da população para a qual foi construído. Nesse momento é avaliado o tempo médio de execução do teste — cada examinando faz o teste sem tempo limite e é marcado o tempo que cada um levou para completar a tarefa. A média desse tempo é que irá constar do manual.

Por fim, outra aplicação experimental se faz necessária com o objetivo de se estudar a validade e a fidedignidade, bem como estabelecer normas para a interpretação dos resultados.

5.1. Análise de Itens

Trata-se de um índice numérico que informará a adequação do item à população testada. São dois os principais critérios para verificá-la: o índice de facilidade e o índice de discriminação ou poder discriminante.

5.1.1. Índice de Facilidade

Com o índice de facilidade (IF), pretende-se medir as diferenças individuais no que diz respeito ao rendimento alcançado no teste. Isso só pode ser feito nos testes de aptidão, inteligência e conhecimento. Nos testes de personalidade não existem respostas certas ou erradas. A proporção dos indivíduos que obtêm escore correto em um item determina o índice de facilidade desse item. Assim, um item respondido corretamente por 20 dos 50 estudantes terá um índice de facilidade de 0,40.

Pode-se calcular o IF a partir da fórmula bruta: $IF = \frac{A}{n}$, onde A corresponde ao número de acertos do item e n, ao número de sujeitos da amostra testada. Significa, então, a percentagem de pessoas que respondem corretamente ao item do teste, ou seja, o que se obtém é a probabilidade de acertos. Dessa forma, quanto mais alto for o IF, mais fácil será o item. Esse índice varia de 0 a 1. Um IF igual a 1,00 significa que todas as pessoas responderam acertadamente ao item. Um índice zero, ao contrário, indica que o item não foi respondido por nenhuma das pessoas.

O objetivo de conhecer o IF é escolher a amostra de itens do teste: uma amostra homogênea, onde todos os itens têm o mesmo grau de dificuldade, ou uma amostra heterogênea, em que há um aumento progressivo no grau de dificuldade dos itens, sempre prevalecendo os de dificuldade média. A capacidade de um item discriminar entre indivíduos é, em parte, função do seu nível de dificuldade.

Cerdá (1972) elaborou uma tabela onde estabelece o modo de apresentação dos itens em um teste heterogêneo e sua interpretação.

	Número aproximado	*Limite aproximado dos itens de dificuldade*
Muito fáceis	10%	de 0,75 a 0,95
Fáceis	20%	de 0,55 a 0,74
Normais	40%	de 0,45 a 0,54
Difíceis	20%	de 0,25 a 0,44
Muito difíceis	10%	de 0,05 a 0,24

A técnica de Davis é mais sofisticada. Seu cálculo é aplicado a testes de múltipla escolha com mais de duas alternativas.

$$IF = \frac{A - \frac{E + o}{K - 1}}{n - NNR}$$

onde:

A = acertos
o = omissão
E = erros
K = número de alternativas
n = número de indivíduos
NNR = número de indivíduos que não responderam ao item e que pararam o teste.

Ela apresenta duas correções: (K- 1), que corrige o fato de a marcação ter sido feita ao acaso, e (NNR), que leva em conta o tempo de realização do teste.

Exemplo da técnica de Davis para análise de itens

Teste espacial com quatro alternativas:

Itens \ *Ind.*	*1*	*2*	*3*	*4*	*5*	*6*	...	*10*
A	1	3	2	1				
B	2	3	2	1		1		
C	1	3		1		4		
Gabarito	1	3	2	1	3	4		

Supondo-se que se queira calcular o índice de dificuldade do item 3:

$$\text{IF} = \frac{A - \dfrac{E + o}{K - 1}}{n - NNR}$$

$$\text{IF} = \frac{2 - \dfrac{0 + 1}{4 - 1}}{3 - 0} \cong 0{,}56 = \text{fácil (de acordo com a Tabela de Cerdá)}$$

Existe ainda outro método para se calcular o IF. É o método abreviado dos 27%, cuja fórmula é:

$$IF = \frac{A_s + A_i}{n_s + n_i} \quad \text{varia de 0 a +1}$$

onde:

A_s = acertos do grupo superior
A_i = acertos do grupo inferior
n_s = número de pessoas que atingiu o grupo superior
n_i = número de pessoas que atingiu o grupo inferior

É uma espécie de tratamento reduzido dos itens, onde se desprezam os 46% centrais da distribuição. Por grupo superior se entendem os indivíduos que estão enquadrados nos 27% superiores da distribuição e por grupo inferior, os que se acham na outra extremidade da curva.

Exemplo da técnica abreviada dos 27%

Se como resultado de um teste aplicado a 200 indivíduos se obtivessem 75 acertos no grupo superior e 62 no grupo inferior em relação a determinado item, e considerando-se que no grupo superior todos tivessem atingido o item* e no grupo inferior 15 indivíduos não o tivessem atingido, o IF desse determinado item seria:

$$IF = \frac{As + Ai}{ns + ni}$$

se n = 300, 27% n = 81

$$IF = \frac{75 + 62}{81 + 66} = 0{,}93$$

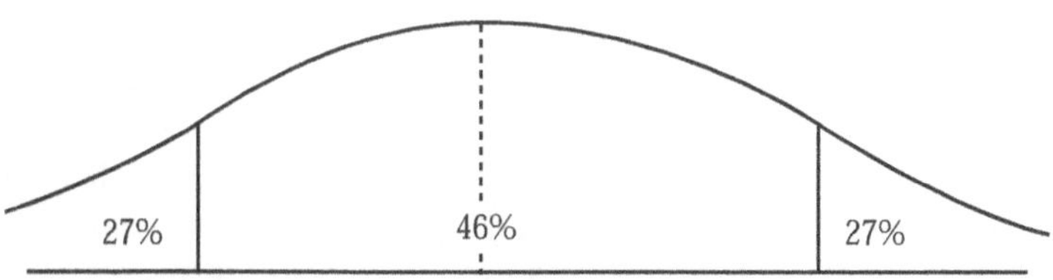

$A_i = 62$ $\qquad$ $A_s = 75$
$n_i = 81 - 15 = 66$ $\qquad$ $n_s = 81$

* Por "atingir um item" entende-se o fato de o indivíduo tê-lo completado, isto é, ter dado uma resposta, ainda que errada, ou mesmo uma omissão. Só não é considerado o fato de o indivíduo ter parado de fazer o teste.

É um erro enorme construir um teste selecionando itens de acordo apenas com a sua dificuldade. Essa informação é importante, mas secundária em relação àquela obtida pela intercorrelação entre os itens. Na verdade, bons itens são aqueles que obtêm uma boa correlação com outros itens e uma correlação elevada com o escore total do teste. Se um item mede um aspecto particular de alguma variável, a correlação entre item e escore total deve ser positiva. Itens ruins apresentam uma correlação nula. Uma correlação negativa indica-nos que o indivíduo se saiu bem no teste, embora tenha tido um mau desempenho no item.

Geralmente, na elaboração de um teste, o que se procura são itens com pequeno ou moderado grau de inter-relacionamento, mas com boa correlação com o escore total. Essas informações são obtidas pelo índice de discriminação.

5.1.2. Índice de Discriminação (IPD)

É o índice que estabelece relação entre escores totais altos ou baixos no teste e as respostas corretas ou incorretas dadas a um item. O escore total é usado para obter o IPD e, portanto, o critério para avaliar os itens é intrínseco ao próprio teste.

O índice de discriminação é o indicador de consistência interna. Considerando-se, por exemplo, três itens ordenados crescentemente pelo grau de dificuldade, e sendo eles perfeitamente consistentes, espera-se que um indivíduo que acerte o item três acerte também os itens um e dois. Para um teste discriminar bem o grupo de indivíduos testado na variável medida, é necessário que apresente um bom grau de consistência interna entre os itens e a totalidade do teste.

Percentagens idênticas de escores totais altos e baixos e de respostas corretas para um item levam a uma correlação igual a zero do item com o escore total. Tal item teria um poder de discriminação nulo.

Na aplicação de um teste em que todos os sujeitos obtiveram escores totais altos, mas responderam incorretamente a determinado item, ou em que todos eles obtiveram um escore total baixo, mas responderam corretamente ao mesmo item, o poder de discriminação desse item é nulo, pois não está havendo correspondência entre escore total e item do teste. No caso de perfeita correspondência entre os que obtiveram escores totais ou baixos em um teste e o número de acertos ou erros em determinado item, o IPD será de + 1,00. Logo, o IPD varia de -1 a +1.

Pode-se calcular o IPD pela correlação bisserial por pontos, pela correlação bisserial simples e pelo método dos 27%. Normalmente, qualquer que seja o método empregado, é preciso, na análise do resultado, levar em consideração a situação total, embora se possa ter como base um ponto de corte 0,25.

a) COEFICIENTE DE CORRELAÇÃO BISSERIAL
É utilizado quando duas variáveis são contínuas (itens, por exemplo), mas uma delas se dicotomizou (atributo) — ex.: escore dividido em certo e errado. Dará a informação sobre o item no sentido de prognosticar bem ou não em relação a um escore total.

- Correlação bisserial simples (usada para uma distribuição normal)

$$r_{bis} = \frac{\overline{X}_p - \overline{X}_t}{S_t} \cdot p / y$$

onde:

$\overline{X}_p$ = média do grupo que acertou o item

$\overline{X}_t$ = média do grupo total ($\frac{\sum \text{acertos}}{n}$)

S_t = desvio-padrão

p = proporção de acertos ($p = \frac{a}{n}$)

y = tamanho da ordenada que divide a curva normal.

Todo coeficiente de correlação bisserial é uma estimativa do coeficiente de Pearson, estando sujeito às mesmas limitações.

Itens / *Sujeitos*	*1*	*2*	*3*	*4*	*5*	*6*	*7*	*8*	*9*	*10*	x_i	$(x_i - x_t)^2$
A	+	+	+	+	+	+	0	0	0	0	6	$(6-7)^2 = 1$
B	+	+	+	0	+	+	+	+	0	0	7	0
C	0	+	+	+	+	+	0	0	+	0	6	1

D	+	+	+	0	+	+	0	0	0	0	5	4
E	+	+	+	0	+	+	+	+	+	0	8	1
F	+	+	+	+	+	+	+	+	+	+	10	9
G	+	0	+	+	+	+	+	+	0	+	8	1
H	+	+	+	+	+	+	+	+	0	+	9	4
I	+	+	+	0	+	+	0	+	+	+	8	1
J	+	+	+	0	0	0	0	0	0	0	3	16
p	0,9	0,9	1	0,5	0,9	0,9	0,5	0,6	0,4	0,4	0,4	38

$$\bar{X}_t = \frac{70}{10} = 7 \text{ (para toda a distribuição)}$$

$$\bar{X}_p = \frac{\text{total de acertos – nota daquele que errou o item}}{\text{quantos acertaramo item}}$$

item1:

$$\bar{X}_t = 7$$

$$\bar{X}_{p1} = \frac{70-6}{9} = 7{,}11$$

$$\text{Se } S_t = \sqrt{\frac{(x-\bar{x})^2}{n}} = 1{,}9$$

$$^{r}\text{bis} = \frac{7{,}11-7}{1{,}9} \cdot 5{,}128^{*} = 0{,}30$$

Itens	n_a	p	*p/y*	$\bar{X}p$	$\bar{X}p - \bar{X}_t / S_t$	$\frac{\bar{X}_p - \bar{X}_t}{S_t} \cdot p/y$
1	9	0,9	5,128	7,11	+0,011	+0,31
2	9	0,9	5,128	6,89	-0,06	-0,31*
3	10	1	-	7	0	0*
4	5	0,5	1,25	7,8	+0,42	+0,52
5	9	0,9	5,128	7,4	+0,23	+1,18

*Valor encontrado na tabela (ver Apêndice C, Tabela B): para um *p* de 0,9 existe um correspondente *p/y* = 5,128.

6	9	0,9	5,128	7,4	+0,23	+1,18
7	5	0,5	1,25	8,4	+0,74	+0,92
8	6	0,6	1,53	8,3	+0,70	+1,07
9	4	0,4	1,02	8,0	+0,53	+0,54
10	4	0,4	1,02	8,5	+0,92	+0,94
	70	–	–	–	–	–

n = 10

*Itens não discriminados (r < 0,25)

- *Coeficiente de correlação bisserial por pontos*
  Usado para distribuição assimétrica cuja fórmula é:

$$r_p\text{bis} = \frac{\overline{X}_p - \overline{X}_t}{S_t} \cdot \sqrt{p/q}$$

Exemplo:

Itens / *Ind*	*1*	*2*	*3*	*4*	*5*	*6*	X_i	$(X_i-\overline{X})^2$
A	+	+	+	0	+	0	4	0
B	+	0	+	+	0	0	3	1
C	+	+	+	+	0	0	4	0
D	0	+	+	+	+	+	5	1
E	+	0	0	+	+	0	4	0
F	+	+	+	0	0	0	3	1
G	+	0	+	+	0	0	3	1
H	0	+	0	+	0	0	2	4
I	+	0	0	+	+	0	3	1
J	+	+	+	+	+	0	5	1
L	+	+	+	+	0	0	4	0
M	+	+	+	+	0	+	5	1
N	+	0	+	+	0	+	4	0
O	+	+	+	+	0	+	5	1
P	+	+	+	+	0	0	4	0
Q	+	+	+	+	+	0	5	1

R	+	+	0	0	+	0	3	1
S	0	+	+	+	+	+	5	1
T	0	0	+	0	+	+	3	1
U	+	+	+	+	+	+	6	4
							80	20

$n = 20$

$S_t = 1 \qquad \bar{X}_t = \frac{Xi}{n} = \frac{80}{20} = 4$

Itens	n_a	p	$\sqrt{p/q}$	$\bar{X}_p$	$Xp - X_t/s_t$	$\frac{\bar{X}_p - \bar{X}_t}{S_t} \cdot \sqrt{p/q}$
1	16	0,80	2	4,06	+0,06	+0,12*
2	15	0,75	1,73	4,26	+9,26	+0,44
3	16	0,80	2	4,25	+0,25	+0,50
4	16	0,80	2	4,18	+0,18	+0,36
5	10	0,50	1	4,30	+0,30	+0,30
6	7	0,35	0,74	4,71	+0,71	+0,52
Σ	80					

* < 0,25 → não aceitável

$$P_1 = \frac{a}{n} = \frac{16}{20} = 0{,}80$$

$$\bar{X}_{p1} = \frac{80 - 15}{16} = 4{,}06 \text{ e assim por diante.}$$

Observação: Quando p ou q for pequeno demais (< 0,1), não é prudente o cálculo do $r_{p\text{bis}}$ a menos que o número de casos seja muito elevado.

b) MÉTODO ABREVIADO DOS 27%

$$\text{IPD} = \frac{A_s - A_i}{\frac{n_s + n_i}{2}}$$

onde:

A_s = acertos do grupo superior
A_i = acertos do grupo inferior
n_s = número de indivíduos que atingiram o grupo superior
n_i = número de indivíduos que atingiram o grupo inferior

Ex.:
Em uma amostra de 200 indivíduos na qual se registraram 50 acertos em determinado item no grupo superior, enquanto que no grupo inferior apenas 25 o acertaram, o IPD desse item será:

27% 200 = 54
$A_S = 50$
$A_i = 25$

Supondo que todos em ambos os grupos tenham atingido o item:

$n_s = 54$
$n_i = 54$

$$\therefore \text{IPD} = \frac{A_s - A_i}{\frac{n_s + n_i}{2}}$$

$$\text{IPD} = \frac{50-25}{\frac{54+54}{2}} = \frac{25}{\frac{108}{2}} = \frac{25}{54}$$

logo IPD ≅ 0,46 aceitável.

Enfim, de posse dessas informações, obtém-se uma amostra de itens discriminadores que será rearrumada no teste com base no índice de facilidade.

Obs.: Faça os exercícios de números 53, 71, 72, 73, 74 e 85.

5.2. Normas e Padronização

A padronização diz respeito à uniformidade do processo de aplicação, avaliação e interpretação do teste. "Padronizar significa unificar segundo um padrão" (Cerdá, 1972), de modo que a única variável seja o indivíduo testado.

Pela padronização se estabelecem regras fixas para a sua aplicação e avaliação, de modo que qualquer um possa realizar a operação de forma idêntica. Ela informa detalhadamente o método que foi empregado em sua construção, demonstrando as condições em que sua aplicação é recomendada e as qualidades primárias do teste. Finalmente, tem por objetivo, ao unificar os procedimentos, fazer com que se obtenha uma avaliação tão exata quanto possível, diminuindo as variâncias de erro.

Norma, como o próprio nome indica, é a realização normal ou média, e é construída, empiricamente, com os resultados obtidos pelas pessoas que constituíram grupos ou amostra representativa na fase de construção do instrumento. Indica, pois, a posição do indivíduo em relação ao grupo normativo, dando idéia de sua realização diante de outras pessoas; fornece também um meio de tornar as diferentes medidas comparáveis entre si através da padronização da linguagem (exemplo: testes diferentes de inteligência como o Raven e o INV, ambos tendo a medida expressa em percentil).

Os testes psicológicos só podem ser interpretados através do estabelecimento de normas. Isso porque os resultados de um teste em termos de respostas corretas, por exemplo, não permitem chegar a uma conclusão confiável. É necessário que haja um ponto que sirva de referência para que se possam fazer comparações; algo que torne os testes comparáveis em linguagem universal. De uma amostra de padronização, retiram-se os dados necessários sobre os quais se estabelecem as normas. Se as normas de um teste não estiverem baseadas em uma amostra de indivíduos que apresentem características comuns às dos examinados, o teste pode supervalorizar ou subestimar a capacidade deles. Assim, podem-se estabelecer comparações entre indivíduos com base num grupo representativo. Para que essas comparações sejam possíveis, o resultado bruto do teste deve ser ponderado, isto é, transformado de tal modo que o intervalo fixo seja estabelecido, fornecendo assim a posição do indivíduo na distribuição (vide escala intervalar).

5.2.1. Tipos de Normas

Como foi explicado anteriormente, as normas de interpretação são aquelas em que se transformam os graus brutos em graus elaborados para unificar a linguagem e tornar possível a comparação entre os testes. Existem dois tipos de transformações conhecidas: normas de idade e normas de escore-padrão.

5.2.1.1. Normas de Idade

Nas normas de idade, o critério de transformação é a idade mental ou o quociente de inteligência dos indivíduos.

a) IDADE MENTAL (IM)

"Esse sistema de medida foi introduzido por Binet em 1908. Partiu da hipótese de que, ao menos durante a infância e na adolescência, à medida que aumenta a idade cronológica — quer dizer, a idade real —, aumenta também o nível de inteligência. Esse nível de inteligência em função da idade é o que Binet denominou 'idade mental'" (Cerdá, 1972).

O sistema consiste em comparar o resultado obtido por um indivíduo em termos de idade mental com sua idade cronológica.

Aplicam-se testes em crianças com determinada idade e se estabelece a média dos acertos e erros obtidos, os quais são considerados representativos da idade em questão; ou seja, essa média corresponde à idade mental dos indivíduos que acertarem igual número de itens, seja qual for a idade cronológica. Constroem-se, assim, tabelas que relacionam o número de acertos dos testes (escalas de desenvolvimento) com a idade mental da criança. Os itens individuais são agrupados por níveis de idade. Conclui-se, então, que o resultado bruto de um indivíduo num teste corresponde a certa idade mental.

Embora esse tipo de norma seja de fácil compreensão, tem suas limitações. Perde o valor à medida que avança na escala de idade, visto que a idade mental está ligada aos processos de desenvolvimento. Considera-se que o desenvolvimento intelectual se produz com maior rapidez nos primeiros anos de vida. Assim, o adiantamento ou retardamento em uma unidade de idade mental não significa a mesma coisa nas diferentes idades. Dever-se-ia esperar que uma criança de sete anos tivesse uma IM = 7, mas, como a IM é o nível de consecução num teste, isso nem sempre acontece. Entretanto, a idade mental é considerada como representando um nível absoluto da capacidade intelectual. Dessa forma, uma criança de seis anos cuja IM é igual a 6 teria o mesmo tipo de mentalidade que outra de dez anos com a mesma idade mental. Também tem sido um problema definir a idade mental de um adulto. Ela seria a idade além da qual os resultados médios não mais aumentam. Se a idade mental não equivale ao resultado médio de uma certa idade cronológica, isso é uma contradição. Obter uma idade mental de 30 anos em um teste cuja norma média é de 15 anos só pode gerar problemas. Outro inconveniente é que a elaboração de uma escala de inteligência utiliza um processo de construção muito difícil, já que é preciso determinar os testes que melhor respondem a esse critério.

Embora o critério da idade mental não nos dê indícios da capacidade do sujeito, isso não impede sua ampla difusão.

b) QUOCIENTE DE INTELIGÊNCIA

Esse novo sistema de medida foi proposto por Stern e aproveitado por Terman na primeira revisão Stanford do Teste Binet-Simon, em 1916, com a finalidade de suprir as desvantagens da norma de idade mental, pois permite uma interpretação uniforme, independente da idade do sujeito. Trata-se de um meio de indicarmos qual foi o índice de crescimento médio de uma criança. Há um ajuste da idade mental pelo uso da razão através da fórmula:

$$QI = \frac{IM}{IC} x100$$

onde:

IC = idade cronológica
IM = idade mental

O uso da razão ajusta o estabelecimento da unidade de idade mental. Anastasi (1975) exemplifica bem essa questão: "Se uma criança de quatro anos tem a idade mental de três (retardo de um ano), seu QI será 75 ($100 \cdot \frac{3}{4}$). Com a idade de 12 anos, a mesma criança provavelmente terá a idade mental de nove anos (retardo de três anos) e o seu QI ainda será de ($100 \cdot \frac{3}{4}$) = 75. Esse QI indica a mesma posição relativa no grupo, seja quando obtida por uma criança de quatro, seja por uma de 12" (p.100).

Se a interpretação do QI é sempre a mesma, independente da idade, essa condição só será obedecida se a IM variar proporcionalmente com a idade cronológica. Segundo Anastasi (1975), "apenas quando o DP [desvio-padrão] das idades mentais aumentar proporcionalmente com a idade é que os DP dos QI permanecerão constantes. Apenas em tais condições um determinado QI terá o mesmo sentido em todas as idades." Portanto, se não houver uma variabilidade crescente da idade mental nas diversas idades cronológicas, o QI não poderá representar o mesmo grau de discriminação (superior, normal, inferior) adequadamente.

A principal crítica feita ao QI diz respeito ao fato de que ele deveria apresentar distribuições com médias e desvios diferentes para cada tipo de idade, ou então os indivíduos situados no mesmo lugar da curva deveriam ter o mesmo quociente, o que não acontece. Portanto, não menciona a dispersão dos resultados em cada idade.

Tendo surgido para eliminar o fator idade, a determinação do QI comete a falha de precisar da idade da criança quando testada a fim de fornecer o QI significativo. Uma criança de cinco anos com idade mental de seis tem QI igual a 120. Uma de dez anos com IM = 12 também tem QI igual a 120. Entretanto, uma é adiantada um ano enquanto a outra o é dois.

Esse sistema também comete o erro de, ao estabelecer proporções entre a idade mental e a idade cronológica, dar a entender que uma pessoa com QI igual a 100 tem o dobro de inteligência de outra cujo QI é 50. Isso seria classificar a inteligência numa escala de razão supondo possuir o zero absoluto, o que não é possível (ver p.37-8). O que um QI individual realmente informa é a quantos desvios-padrão, acima ou abaixo de $\bar{x}$, uma pessoa está (ver o quadro abaixo para a sua interpretação).

De acordo com Terman (*in* van Kolck, 1981), o QI pode ser interpretado pela tabela a seguir:

QI	*Classificação*
140 – 160	Definidamente superior
120 – 139	Superior
110 – 119	Acima de $\bar{X}$ ou médio superior
90 – 109	Normal ou médio
80 – 89	Abaixo de $\bar{X}$ ou médio inferior

70 – 79	Deficiência limítrofe	
50 – 69	Cretino	deficiência definida
30 – 49	Imbecil	ou
29	Idiota	debilidade mental

5.2.1.2. Normas de Escore-Padrão

Constituem um conjunto de processos que consistem em comparar as notas brutas individuais com a média do grupo, sendo a média avaliada em unidades de desvio-padrão da distribuição. Conclui-se, portanto, que as bases para as normas são a média e o desvio-padrão. Os escores-padrão podem ser obtidos por transformações lineares e não-lineares dos resultados brutos originais.

5.2.1.2.1. Transformações Lineares ou Escores-Padrão Não-Normalizados

São aqueles que não modificam a forma da distribuição, ou seja, a transformação de notas brutas em notas elaboradas pode ser feita de maneira que cada indivíduo conserve exatamente sua posição relativa na distribuição. No entanto, há modificação da média e do desvio-padrão, mas a distribuição permanece com a mesma forma.

Tipos de transformações lineares

a. TETRONAGEM
Foi desenvolvida por Weinberg em 1937. O nome deriva da palavra *tetron*, que significa a quarta parte do desvio-padrão da distribuição. Trata-se, portanto, de uma distribuição em faixas em que cada desvio da curva compreende quatro *tetrons*. Um teste conhecido que se utiliza dessa transformação é o PMK.

Trata-se de uma transformação que utiliza a média zero e o desvio-padrão igual a 1/4 da distribuição de escores brutos. É uma distribuição em faixas cuja primeira faixa, Tetron 1, vai da média até a primeira quarta parte.

$$\tau = \frac{S}{4}$$

onde:

S = desvio-padrão

Tendo o resultado do teste no grupo normativo, pode-se extrair a média e o desvio-padrão:

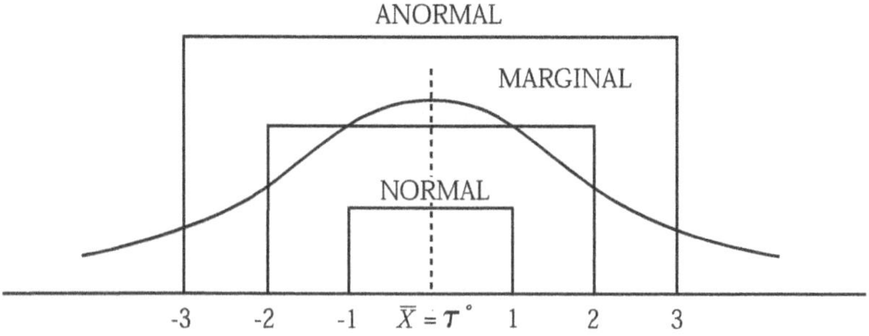

Ex.:

$\overline{X} = 40$ $S = 12$

Tetronagem:

$\tau = \frac{S}{4} = \frac{12}{4} = 3$ unidades.

	$\tau^{o} = \overline{X} = 40$	
$G_e - G_b$		$G_e - G_b$
$\tau + 1 = 41 - 43$	$\tau + 14 = 80 - 82$	$\tau - 1 = 39 - 37$
$\tau + 2 = 44 - 46$	$\tau + 15 = 83 - 85$	$\tau - 2 = 36 - 34$
$\tau + 3 = 47 - 49$	$\tau + 16 = 86 - 88$	$\tau - 3 = 33 - 31$
$\tau + 4 = 50 - 52$	$\tau + 17 = 89 - 81$	$\tau - 4 = 30 - 28$
$\tau + 5 = 53 - 55$	$\tau + 18 = 82 - 84$	$\tau - 5 = 27 - 25$
$\tau + 6 = 56 - 58$	$\tau + 19 = 85 - 87$	$\tau - 6 = 24 - 22$
$\tau + 7 = 59 - 61$	$\tau + 20 = 88 - 90$	$\tau - 7 = 21 - 19$
$\tau + 8 = 62 - 64$		$\tau - 8 = 18 - 16$
$\tau + 9 = 65 - 67$		$\tau - 9 = 15 - 13$
$\tau + 10 = 68 - 70$		$\tau - 10 = 12 - 10$

$\tau + 11 = 71 - 73$	$\tau - 9 = 9 - 6$
$\tau + 12 = 74 - 76$	$\tau - 10 = 5 - 3$
$\tau + 13 = 77 - 79$	$\tau - 11 = 2 - 0$

onde:

G_e = grau elaborado; G_b = grau bruto (X_i)

Costuma-se calcular até o τ + 20 e τ - 20, pois a curva é assíntota (não toca a linha de base) e por isso se arbitra um número limite.

A unidade sendo igual a 3,0, o *tetron* +1 iria de 40 a 43 e o *tetron* -1 iria de 40 a 37. Como 40 é a média e corresponde ao r_0, todas as notas compreendidas entre 41 e 43 recebem como nota elaborada o *tetron* +1, e assim por diante.

Como desvantagem, apresenta o fato de poderem resultar escores negativos, o que dificulta a interpretação quando a curva é assimétrica.

Interpretação: FN = $\overline{X} \pm S$. Como o $\overline{X}$ teórico é zero e o desvio-padrão igual a 1/4 da distribuição, temos que um indivíduo que esteja numa escala a meio desvio-padrão abaixo da média terá um escore -2 *tetrons*.

b) DESVIO REDUZIDO (ESCORE Z)

O sistema de escores-padrão z consiste na transformação dos escores originais de um grupo medidos em unidades de desvio-padrão. Sua distribuição teórica tem como média o valor zero e como desvio-padrão o valor 1, o que significa que uma nota igual à média equivale a um z = 0.

Trata-se do afastamento de cada indivíduo do grupo em relação à média, medido em unidades de desvio padrão. Através desse procedimento, podem-se comparar as medidas calculadas em unidades diferentes. Como as unidades de escore-padrão são iguais ao longo de toda a escala, uma pequena diferença num ponto da escala significa o mesmo que uma diferença igual em outro ponto qualquer. Como seu cômputo elimina as diferenças de variabilidade, terá o mesmo significado para os diferentes testes. Assim, $z = 2{,}0$ num teste de raciocínio verbal e $z = 1{,}0$ num teste de destreza, em um mesmo indivíduo, podem ser comparados, indicando que no primeiro teste o indivíduo foi melhor.

Apresenta a desvantagem do aparecimento de números negativos (notas abaixo da média) e decimais, fato que dificulta sua interpretação. Utiliza-se a fórmula:

$$z = \frac{X_i - \bar{X}}{S}$$

onde:

$\bar{X}$ = média
S = desvio-padrão
X_i = nota bruta

Exemplo de nota z

Sejam as seguintes as notas obtidas por cinco alunos em dois testes de raciocínio abstrato e raciocínio verbal:

Aluno	*Teste R. Abstrato (X_i)*	*Teste R. Verbal (Y_i)*
A	10	16
B	13	16
C	12	18
D	20	18
E	15	12
Σ	70	80
$\bar{x}$	$\bar{x}_x = 14$	$\bar{x}_y = 16$
s	$s_x = 3{,}4$	$s_y = 2{,}8$

Para comparar as notas dos alunos em ambas as provas, será necessário relacioná-las em primeiro lugar com as médias aritméticas respectivas.

Para o aluno A, por exemplo:

R. Abstrato
nota 10 inferior a $\bar{X}$
$x_i = X_i - \bar{X}$
$x_i = 10 - 14 = -4$

R. Verbal
nota 16 igual a $\bar{Y}$
$y_i = Y_i - \bar{Y}$
$y_i = 16 - 16 = 0$

Utilizando procedimentos análogos para os outros alunos:

Aluno	x_i	y_i
A	-4	0
B	-1	0
C	-2	+2
D	+6	+2
E	+1	-4

Observação: Para conferir, o resultado desse somatório deverá ser igual a zero — uma das propriedades da média aritmética.

O próximo passo é dividir cada afastamento em relação à média do grupo pelo desvio padrão da distribuição:

Aluno	z_x	z_y
A	-1,2	0
B	-0,3	0
C	-0,6	+0,7
D	+1,8	+0,7
E	+0,3	-1,4

Observação: Costuma-se arredondar o *z* para uma casa depois da vírgula.

Interpretação

Se FN = $\overline{X} \pm$ S e se $\overline{X} = 0$ e $S = 1$,
tem-se: FN = ± 1 S (± 1DP)

Assim, os resultados que se encontrarem entre ± 1DP são normais. Pode-se ainda dizer quantos DP se encontram abaixo ou acima de $\bar{x}$. Por exemplo, o resultado bruto igual a 10 que corresponde a um escore $z = -1,2$ significa que está abaixo da média numa distância de l,2DP.

Como se pode observar, as notas resultantes podem ser positivas, negativas e fracionárias.

O resultado *z* é útil não apenas quando se quer comparar os resultados de uma distribuição com os de outra, mas também quando se deseja combinar resultados que têm peso igual ou diferente. Em um conjunto de testes diferentes mas que medem a mesma característica, aplicados em dois indivíduos resultando em escores totais iguais, pode-se detectar a verdadeira diferença entre eles pelo escore *z*. Por exemplo, se um indivíduo obtém um escore 36 no teste de inteligência G_{36} e um outro obtém o mesmo resultado em um outro teste que mede a mesma característica, pode-se avaliar a diferença entre as notas através da distância de cada resultado bruto em relação à média do grupo.

c. NOTA DERIVADA OU NOTA Z

A nota *Z* tem a mesma finalidade que o escore *z*, mas possui a vantagem de eliminar números negativos (somando com 50) e os números decimais (multiplicando por 10). Isso aparece claramente em sua fórmula.

$$Z = z \times 10 + 50$$

onde:

$$\left.\begin{array}{l} \text{desvio} = 10 \\ \text{média} = 50 \end{array}\right\} \text{distribuição teórica}$$

Como numa distribuição normal os desvios variam de -3 a +3 (teoricamente), as notas *Z* correspondentes são:

$$Z = -3 \times 10 + 50 = 20$$
$$Z = +3 \times 10 + 50 = 80$$

Na prática, encontramos um maior *z* tabelado de ±3,99 (4,0), o que significa uma variação de *Z* entre 10 e 90 (a escala é compreendida entre 0 e 100).

A *interpretação* é baseada na faixa de normalidade, ou seja:

$$FN = \bar{X} \pm S$$

Se a média teórica é igual a 50 e o desvio-padrão igual a 10, tem-se:

$$FN = 50 \pm 10 = 40 - 60$$

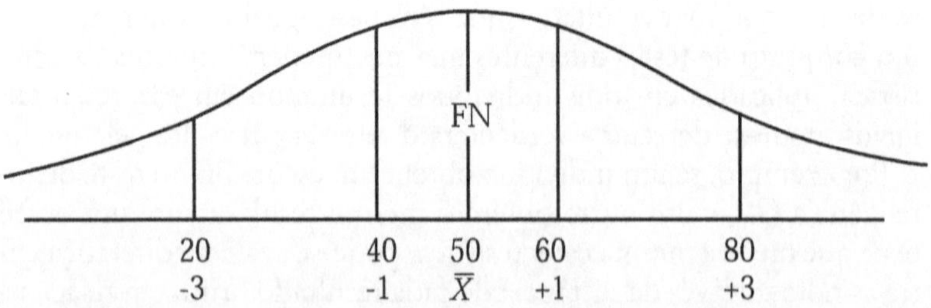

Qualquer valor correspondido entre esses dois limites é considerado normal.

Exemplo de Nota Z

Numa distribuição normal com $\overline{X} = 5$ e $S = 2$ cujas notas brutas variam de 1 a 3, como seriam as notas z equivalentes?

- Se as notas são 1, 2 e 3, precisa-se determinar primeiro a nota z:

$$z = \frac{X_i - \overline{X}}{S}$$

$$z = \frac{1-5}{2} = -2$$

$$z = \frac{2-5}{2} = -1{,}5$$

$$z = \frac{3-5}{2} = -1$$

O próximo passo é determinar a nota derivada correspondente:

Interpretação

Z = -2 x 10 + 50 = 30 → abaixo da média 2 DP
Z = -1,5 x 10 + 50 = 35 → abaixo da média 1,5 DP
Z = -1 x 10 + 50 = 40 → na faixa de normalidade

As transformações lineares ou distribuições não-normalizadas trabalham com notas-padrão sem normalizá-las, o que faz com que essas notas não tenham um significado tão inequívoco quanto as notas-padrão normalizadas.

5.2.1.2.2. Transformações Não-Lineares ou Escores-Padrão Normalizados

Transformar não-linearmente significa transformar as distribuições de escores originais em distribuições normais, cuja média e cujo desvio são tomados arbitrariamente. Esse tipo de transformação modifica a forma da distribuição. Os escores normais têm a propriedade de tornar a distribuição de escores brutos a mais próxima possível de uma distribuição normal de probabilidade. É a transformação mais utilizada, pois facilita a interpretação de testes diferentes com uma só forma conhecida. Apresenta como inconveniente um desvio na interpretação, pois os escores brutos nunca são completamente normais. Por isso, é sempre preferível normalizar uma distribuição pela alteração dos itens do teste na fase de construção. Quando os resultados da amostra normativa não caem numa distribuição normal, geralmente se modifica o seu nível de dificuldades até a obtenção de sua normalização. Isso é feito para tentar uma igualdade de intervalos.

Tipos de transformações não-lineares

a) PERCENTIL (P)

Na transformação do escore bruto em percentil, os escores são expressos em função da percentagem de pessoas que, na amostra de padronização, estão abaixo de determinado resultado bruto. Logo, denomina-se percentil ou centil o ponto da distribuição acima ou abaixo do qual se situa determinada percentagem do grupo. É uma distribuição retangular que divide a curva em 100 partes, cada qual contendo 1% da distribuição — na prática, trabalha-se com 15 faixas apenas. Não existe percentil zero ou percentil 100, pois, matematicamente falando, uma curva normal só atinge P_0 e P_{100} no infinito e, por essa razão, não se pode representá-lo graficamente.

O percentil é um processo simples, no qual se fixam normas para um grupo e se transporta a contagem de cada pessoa numa equivalente colocação percentil.

Por várias razões, o percentil é um dos sistemas de medida de mais amplo uso. Primeiramente, pode ser calculado e interpretado com bastante facilidade. Por ter um significado universal, permite comparar os resultados de um mesmo sujeito a todos os testes que se acham normalizados com o mesmo procedimento, como também comparar os resultados obtidos por vários sujeitos ante o mesmo teste. Tem também uma utilidade muito ampla, pois é usado em testes de aptidão, conhecimento, inteligência e personalidade, tanto para crianças quanto para adultos.

Mas esse sistema de medida também apresenta algumas desvantagens. Por ser uma escala ordinal, não possui valor constante, representa apenas a posição relativa ou ordinal de cada indivíduo dentro do grupo normativo. Por essa razão, não permite o cálculo da média, do desvio-padrão e outras medidas estatísticas deles decorrentes. Entretanto, a principal desvantagem do percentil é sua marcada desigualdade, sobretudo nos extremos da distribuição, reunindo valores diferentes nas faixas extremas e discriminando melhor no centro. Por esses motivos, muitos autores não o incluem nas transformações não-lineares, tratando-o como norma particular.

$$P = \text{linf.} + \frac{\%n - fac}{f_n} \bullet h$$

onde:

linf = limite inferior da classe percentílica
n = número de casos
fac = freqüência acumulada anterior à classe
f_n = freqüência simples da classe
h = intervalo de classe

Exemplo de percentil

Supondo-se a seguinte distribuição de notas em um teste:

	$X_i(G_b)$	f_n	fac	
	17	1	1	
	18	5	6	
	19	22	28	P_{20}
OP	20	40	68	
	21	18	86	

22	5	91
23	5	96
24	4	100
Σ	100	

Supondo-se também que se queira saber abaixo de que valor de *x* estão 20% dos elementos, em primeiro lugar é preciso achar 20% do total de elementos, ou seja, 20% de 100, que é 20. Em segundo lugar, deve-se achar esse valor na lista de freqüências acumuladas. A classe correspondente é chamada classe percentífica. A essa classe aplica-se a fórmula:

$$P = 18{,}5 + \frac{20\%100 - 6}{22} \bullet 1 = 19{,}14$$

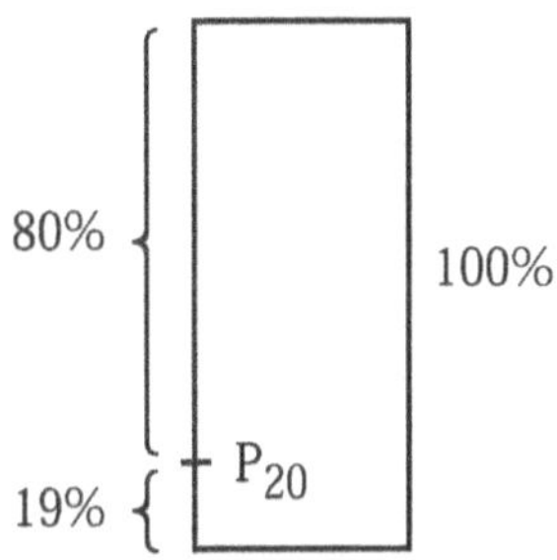

Interpretação

Isso significa dizer que 19,14 é o ponto da distribuição ou escore que ultrapassa 19% dos casos obtidos no grupo normativo.

Organiza-se uma tabela com todos os percentis, que variam de 1 a 99, correspondendo às notas brutas. Um exemplo de testes que se utilizam desse tipo de normas são os que compõem a Bateria Cepa.

b) ORDEM PERCENTÍLICA (OP)

A posição percentílica de um escore é definida como a percentagem — e não um dado bruto como o percentil — da área total do histograma que fica do lado esquerdo da vertical levantada em *x*. Representa a percentagem de elementos de um grupo que obtém resultados iguais ou inferiores a um resultado dado. Corresponde sempre ao ponto médio.

Assim como os percentis, não existe ordem percentílica 0 a 100.

$$OP = \frac{fac + \frac{f\,n}{2}}{n} \cdot 100$$

onde:

OP = ordem percentílica
f_n = freqüência simples de classe escolhida
fac = freqüência acumulada anterior à classe escolhida
n = somatório das freqüências ou número total de casos.

Exemplo de ordem percentílica

Suponhamos que, na distribuição anterior, se quisesse saber qual a percentagem inferior ao resultado 20. Nesse caso, se desejaria achar a OP. Em primeiro lugar, deve-se encontrar a classe que corresponde ao resultado 20 e depois aplicar a fórmula.

$$OP = \frac{28 + \frac{40}{2}}{100} \cdot 100 = 48$$

Interpretação
Isso significa que, igual ou abaixo do resultado 20, existem 48% dos elementos.

Um exemplo de teste que utiliza a OP como norma é o Inventário de Ansiedade Traço-Estado de Spielberger.

c) ESTANINO (S_t)
A escala de estaninos trabalha com nove faixas pelas quais se distribuem as percentagens da curva normal. A cada estanino se faz corresponder uma percentagem da distribuição de freqüência cuja média é igual a cinco e cujo desvio é igual a 2 (teóricos).
O estanino 5 corresponde à nota média 5, pois é o centro de distribuição e está entre ±0,25DP da média. Os estaninos 4 e 6 estão a 0,25DP abaixo e acima da média, respectivamente. Os estaninos 3 e 7, a 0,75DP; os estaninos 2 e 8, a 1,25DP, e os estaninos 1 e 9, a 1,75DP abaixo e acima da média.

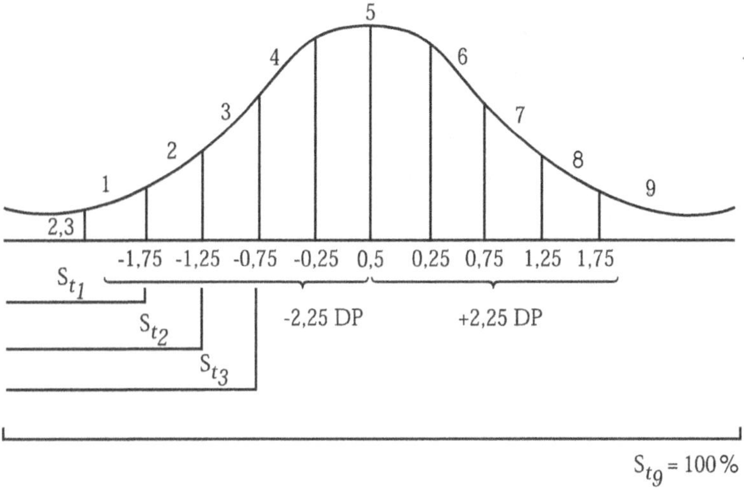

Assim, o estanino 1 corresponde aos 4% da primeira faixa de curva normal. O estanino 2, a esses 4% adicionais aos 7% da segunda faixa, e assim por diante. O estanino 9 corresponde aos 100% da distribuição.

Faixas	*1*	*2*	*3*	*4*	*5*	*6*	*7*	*8*	*9*
Percentagem p/faixas	4	7	12	17	20	17	12	7	4
fac (s_t)	4%	11%	23%	40%	60%	77%	89%	96%	100%

Fórmula:

$$S_t = \text{linf} + \frac{\%n - \text{fac}}{f_n} \bullet h$$

onde:

s_t = estanino
fac = freqüência acumulada anterior à classe escolhida
f_n = freqüência simples da classe
h = intervalo de classe
linf = limite inferior da classe escolhida

Exemplo de Estanino

X_i	f_n	fac
5 – 9	1	1
10 – 14	21	22
15 – 19	22	44
20 – 24	32	76
25 – 29	24	100
30 – 34	20	120
35 – 39	15	135
Σ	135	

Para se calcular a tabela de estaninos referentes às notas brutas da distribuição, primeiramente se deve calcular a percentagem de *n* correspondente a cada grau estanino.

S_{t1} = 4% 135 = 5,40
S_{t2} = 11% 135 = 14,85
S_{t3} = 23% 135 = 31,05
S_{t4} = 40% 135 = 54,00
S_{t5} = 60% 135 = 81,00
S_{t6} = 77% 135 = 103,95
S_{t7} = 89% 135 = 120,15
S_{t8} = 96% 135 =129,60
S_{t9} = total da distribuição

Depois, aplica-se essa percentagem à fórmula, procurando o valor na lista de freqüências acumuladas:

$$S_{t1} = 9{,}5 + \frac{5{,}40 - 1}{21} \bullet 5 = 10{,}55$$

$$S_{t2} = 9{,}5 + \frac{14{,}85 - 1}{21} \bullet 5 = 12{,}80$$

$$S_{t3} = 14{,}6 + \frac{31{,}05 - 22}{22} \bullet 5 = 16{,}55$$

$$S_{t4} = 19{,}5 + \frac{54{,}00 - 44}{32} \bullet 5 = 21{,}04$$

$$S_{t5} = 24{,}5 + \frac{81{,}00 - 76}{24} \bullet 5 = 25{,}55$$

$$S_{t6} = 29{,}5 + \frac{103{,}95 - 100}{20} \bullet 5 = 30{,}45$$

$$S_{t7} = 34{,}5 + \frac{120{,}15 - 120}{15} \bullet 5 = 34{,}55$$

$$S_{t8} = 34{,}5 + \frac{129{,}6 - 120}{15} \bullet 5 = 37{,}70$$

$$S_{t9} = 100\% n = 135$$

∴ corresponde ao limite superior da última classe, isto é, *39,5*.

Interpretação

A nota bruta 10,55 corresponde ao estanino 1 (St_1) — nota elaborada —, o que significa dizer que abaixo desse valor existem 4% da distribuição, ou seja, cinco casos, aproximadamente. Essa nota é a nota limite do estanino 1, isto é, de 0 até 10,55, compreendendo as notas elaboradas S_{t1}. Estão a 2,25DP abaixo da média.

A tabela correspondente é:

St	*Grau Bruto* (X_i)	$\%_n$
1	0 – 10,55	5,40
2	11,05 – 12,80	14,85
3	13,30 – 16,55	31,05
4	17,50 – 21,05	54,00
5	21,55 – 25,55	81,00
6	26,05 – 30,45	103,95
7	30,95 – 34,55	120,15
8	35,05 – 38,70	129,60
9	39,20 – 39,50	135,00

São tabelas como esta que se encontram nos manuais dos testes, fazendo com que o aplicador simplesmente converta o grau bruto em elaborado, sem problema.

A vantagem do uso do estanino é que ele não emprega números altos e também, uma vez conhecido o escore do indivíduo, se pode ter imediatamente a sua posição no grupo em termos de percentagem, comparando-se aqueles que tiverem obtido escores inferiores ou iguais ao dele. Entretanto, quando se pondera o escore bruto, podem-se acumular escores brutos sob um mesmo estanino. Os escores empatados forçam um desvio da tabela. O que se costuma fazer é aproximar, o máximo possível, a distribuição encontrada dos escores brutos à distribuição teórica.

Exemplos de testes que utilizam tal norma são a MPM — Medida de Prontidão Mental —, o Macquarrie e alguns testes da bateria TSP.

d) ESTENO (Ste)

O esteno divide a distribuição em dez faixas e, por esse motivo, é mais exato. Por ser par o número de faixas, a média e a mediana se superpõem ($\bar{X}$ = 5,5).

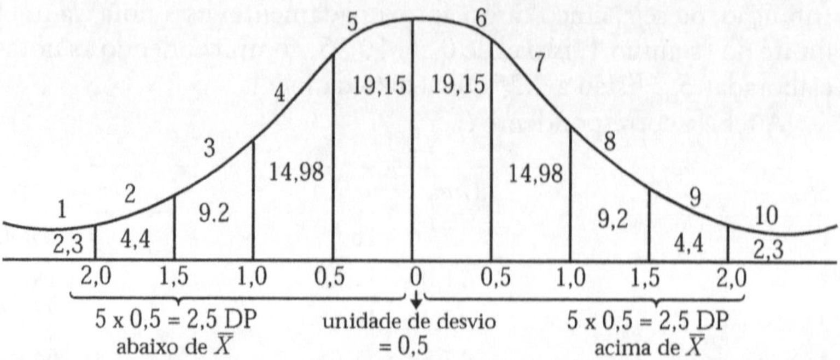

As áreas são iguais nos dois lados (simetria) e devem ser arredondadas – são as freqüências teóricas da distribuição.

Faixas	*1*	*2*	*3*	*4*	*5*	*6*	*7*	*8*	*9*	*10*
Percentagem por faixas	2,3	4,4	9,2	14,98	19,15	19,15	14,98	9,2	4,4	2,3
fac (*Ste*)	2,3	6,7	15,9	30,9	50	69,1	84,1	93,3	97,7	100

Da mesma forma que o estanino, calcula-se o valor percentual de cada faixa somando-se, acumuladamente, cada área da curva normal com a posterior. Assim, o esteno 1 corresponde a 2,3% e o esteno 2, a 2,3 mais 4,4, e assim por diante, conforme indica o quadro acima.

Fórmula:

$$Ste = \text{linf} + \frac{\%n - \text{fac}}{fn} \cdot h$$

Interpretação

Os desvios 5 e 6 abrangem meio desvio-padrão (abaixo e acima de $\overline{X}$, respectivamente). Os limites extremos do esteno (1 e 10) situam-se a 2,5 desvios-padrão abaixo e acima de $\overline{X}$, abrangendo a escala toda; desse modo, há cinco desvios-padrão com distância de 0,5 entre cada unidade.

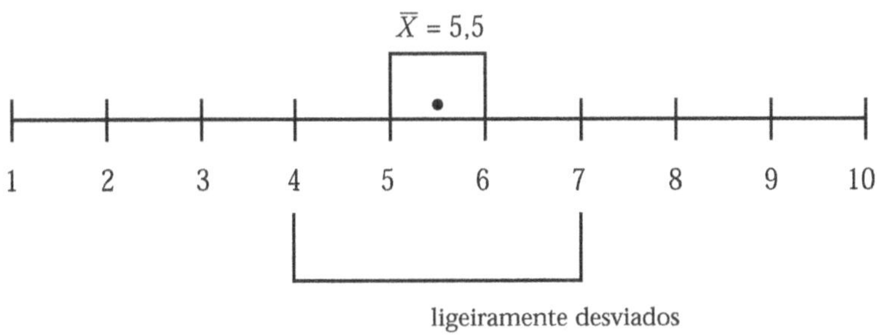

2 e 3 } muito
8 e 9 } desviados

1 e 10 → extremos

Exemplo de Esteno:

X_i	f_n	fac
11 – 15	9	9
16 – 20	12	21
21 – 25	15	36
26 – 30	16	52
31 – 35	25	77
36 – 40	30	107
41 – 45	22	129
46 – 50	9	138
51 – 55	8	146

56 – 60	4	150
Σ	150	

Da mesma forma que o estanino acha-se a percentagem.

Ste_1 = 2,3% 150 = 3,45
Ste_2 = 6,7% 150 = 10,05
Ste_3 = 15,9% 150 = 23,85
Ste_4 = 30,9% 150 = 46,35
Ste_5 = 50% 150 = 75,00
Ste_6 = 69,2% 150 = 103,8
Ste_7 = 84,1% 150 = 126,15
Ste_8 = 93,3% 150 = 139,95
Ste_9 = 97,7% 150 = 146,55
Ste_{10} = total da distribuição

O próximo passo é aplicar a fórmula:

$$Ste_1 = 10{,}5 + \frac{3{,}45 - 0}{9} \cdot 5 = 12{,}42$$

$$Ste_2 = 15{,}5 + \frac{10{,}05 - 9}{12} \cdot 5 = 15{,}94$$

$$Ste_3 = 20{,}5 + \frac{23{,}85 - 21}{15} \cdot 5 = 21{,}40$$

$$Ste_4 = 25{,}5 + \frac{46{,}35 - 36}{16} \cdot 5 = 28{,}73$$

$$Ste_5 = 30{,}5 + \frac{75 - 52}{30} \cdot 5 = 35{,}10$$

$$Ste_6 = 35{,}5 + \frac{103{,}80 - 77}{30} \cdot 5 = 40$$

$$Ste_7 = 40{,}5 + \frac{126{,}15 - 107}{22} \cdot 5 = 44{,}85$$

$$Ste_8 = 50{,}5 + \frac{139{,}95 - 138}{8} \cdot 5 = 51{,}7$$

$$Ste_9 = 55{,}5 + \frac{146{,}55 - 146}{4} \cdot 5 = 56{,}15$$

$$Ste_{10} = 55{,}5 + \frac{150 - 146}{4} \cdot 5 = 60{,}5$$

Um exemplo de teste que usa essa norma é o 16PF.

Interpretação
Para uma nota bruta 12,42, por exemplo, existe uma nota elaborada correspondente igual a Ste_1, o que significa dizer que o indivíduo está acima de 2,3% da distribuição, ou seja, aproximadamente três casos. Essa nota está 2,5DP abaixo de $\overline{X}$ da distribuição.

5.2.1.2.3. Transformações Mistas

É um conjunto de transformações lineares e não-lineares. O objetivo dessas transformações também é normalizar a distribuição de dados.

a) NOTA T (DE MCCALL)
Tem por objetivo fazer comparações entre os indivíduos. Quando se normaliza uma distribuição de escores brutos em nota *T*, atribui-se à distribuição de notas normalizadoras uma média igual a 50 e um desvio-padrão igual a 10.

Esses escores padronizados são usados porque não exageram a diferença individual em torno da média, como ocorre com os escores percentílicos. Indicam de forma mais precisa a extensão das diferenças individuais nos extremos da distribuição.

Passos para a transformação do grau bruto em nota *T*:

1º passo: Transformação do grau bruto em ordem percentílica (transformação não-linear).

Usamos a fórmula:

$$\text{OP} = \frac{\text{fac} + fn/2}{n} \cdot 100$$

2º passo: Transformação de ordem percentílica para desvio reduzido ou nota *z* (transformação não-linear). Esse valor é encontrado em tabelas de área de curva normal (Apêndice C).

3º passo: Transformação da nota *z* em nota derivada *T* (transformação linear).

$$T = z \cdot 10 + 50$$

A diferença da nota *T* para a nota *Z* está no *z* incluído em suas fórmulas. Na nota *T*, o *z* é normalizado, enquanto não o é na nota *Z*.

Observação: Assim como a nota *Z*, a nota *T* varia de 20 a 80.

X_i	f_n	*fac*	*OP*	*z*	*T*
0 – 4	1	1	0,52	-2,56 = -2,6	24
5 – 9	3	4	2,60	-1,94 = -1,9	31
10 – 14	5	9	6,77	-1,49 = -1.5	35
15 – 19	9	18	14,06	-1,08 = -1,1	39
20 – 24	11	29	24,48	-0,69 = -0.7	43
25 – 29	17	46	39,06	-0,28 = -0,3	47
30 – 34	23	69	59,90	+0,25=+0,2	52
35 – 39	13	82	78,65	+0,79=+0,8	58
40 – 44	8	90	89,58	+1,26= +1,3	63
45 – 49	4	94	95,83	+1,73=+1,7	67
50 – 54	1	95	98,44	+2,15=+2,1	71
55 – 59	1	96	99,48	+2,56=+2,6	76
	96				

Tomando como exemplo a primeira classe:
1º passo:

$$OP = \frac{fac + \frac{fn}{2}}{n} \cdot 100$$

$$OP = \frac{0 + \frac{1}{2}}{96} \cdot 100 = 0,52$$

2º passo:
Diminui-se o valor encontrado, 0,52, do valor fixo 50 (que corresponde a 50% de cada lado da curva).

Logo,

$50 - 0,52 = 49,48$, que corresponde à área da curva normal.

Para encontrar a nota *z* correspondente, procura-se na tabela (Apêndice C da Tabela A) de áreas da curva normal (área da média a *Z*). Para a área 49,48, o valor de *z* correspondente é 2,56 (costuma-se aproximar para uma casa depois da vírgula). O sinal de *z* deverá obedecer a seguinte regra:

quando a OP $\geq 50 \rightarrow z+$
quando a OP $< 50 \rightarrow z-$

assim, o *z* encontrado foi igual a -2,6.

3º passo:
Aplica-se a fórmula de

$$T = z \cdot 10 + 50$$

Logo,

$$T = -2,6 \cdot 10 + 50 = 24$$

A *interpretação* é exatamente igual à da nota *Z*. Assim, os indivíduos que obtiverem escores brutos entre 0 e 4 receberão a nota elaborada 24 e estarão aproximadamente 2,6DP abaixo da $\overline{X}$.

Exemplos de testes que utilizam a nota *T* são o Inventário de Ansiedade e o MMPI.

b) Escores Centróides

Trata-se de uma distribuição por pontos. Seu objetivo é selecionar sujeitos que tenham um perfil mais próximo do perfil conhecido da função.

O centróide é o valor da média (100). As notas positivas e negativas não têm muito significado, pois o mais importante são a proximidade e o afastamento da média em termos qualitativos. Aos escores que giram em torno do escore centrado dá-se o nome de *centours*. Estes se apóiam basicamente na média e no desvio-padrão.

Passos para a transformação dos escores brutos em escores centróides:

1º passo: Transformam-se os escores brutos em nota *z* (transformação linear), através da fórmula:

$$z = \frac{Xi - \overline{X}}{S}$$

2º passo: Procura-se a área correspondente à nota *z* na tabela. O valor encontrado é subtraído de 50%. Obtém-se, então, a percentagem que ultrapassa a média dos valores.

3º passo: Multiplica-se por dois esse resultado, já que a curva é simétrica. Esse resultado é o valor do *centour*.

Exemplo de escore centróide

Numa seleção para técnico de vôo, as notas foram:

X_i	f_n	*z*	*% que ultrapassa*	*centours*
22	2	-1,94	2,619	5,238
23	3	-1,72	4,272	8,544
23	7	-1,51	6,552	13,104
25	12	-1,30	9,680	19,360
26	15	-1,09	13,786	27,572
27	11	-0.87	19,215	38,340
28	14	-0,66	25,463	50,926
29	16	-0,45	32,636	65,272
30	19	-0,24	40,517	81,034
31	17	-0,07	49,202	98,404
32	14	+0,19	42,465	84,930
33	11	+0,40	34,446	68,892
34	9	+0,61	27,093	54,186

35	7	+0,82	20,611	41,222
36	8	+1,04	14,917	29,824
37	10	+1,25	10,565	21,130
38	8	+1,46	7,214	14,428
39	6	+1,67	4,746	9,492
40	7	+1,89	2,938	5,876
41	4	+2,10	1,789	2,572
Σ	200			

onde:

$\overline{X} = 31{,}12$
$S = 4{,}71$

Para a nota bruta 32:

1º passo:

$$z = \frac{X_i - \overline{X}}{S} = \frac{32 - 31{,}12}{4{,}71} = +0{,}19$$

2º passo: a área correspondente que se encontra tabelada é igual a 0,07535.

$50\% - 7{,}535\% = 42{,}465$

3º passo:

$42{,}465 \cdot 2 = \underbrace{84{,}930}$

este é o centour que corresponde ao escore bruto 32.

Se o indivíduo que tirou nota 31 se submeteu ao instrumento A para o exame de técnico de escritório e técnico de vôo e se o *centour* correspondente no primeiro foi 75 e no segundo, 98, escolhe-se o indivíduo para ser técnico de vôo porque é o que está mais próximo de $\overline{X}$ *100* (escore centróide).

Observação: Para maior compreensão da matéria, faça os exercícios de número 50, 51, 52, 55, 56, 57, 60, 61, 62, 64, 65, 66, 67, 68, 69, 70 e 80.

5.3. Fidedignidade e Validade

Em geral, os instrumentos de medida utilizados pelos psicólogos são testes, questionários, observações e entrevistas. Tratando-se de medidas derivadas, onde se parte de indícios do comportamento, há sempre dúvidas do tipo: será que o teste mede aquilo que pretende medir? Pode-se confiar nos resultados finais dessa mensuração? Para que essas dúvidas sejam minimizadas, e até consideradas na interpretação dos resultados de um teste, procura-se conhecer as qualidades primárias de qualquer instrumento: fidedignidade e validade.

5.3.1. Fidedignidade

A fidedignidade de um instrumento refere-se ao fato de os resultados terem sido reproduzidos por um teste em diferentes ocasiões nas quais se mantiveram condições similares, inclusive os mesmos indivíduos ou grupos de indivíduos. Não se pretende com isso obter resultados rigorosamente exatos, já que a medida não é absolutamente exata, embora essa seja a meta ideal. O instrumento deve proporcionar medidas confiáveis de maneira a que se obtenham resultados aproximados quando se voltar a medir as características sob as mesmas condições do objeto ou sujeito em questão.

Três aspectos fundamentais são considerados na fidedignidade. O primeiro é a *precisão*, que implica medir sem erro, atingindo ao máximo possível o fenômeno que se quer medir. Trata-se, então, de diminuir o erro de mensuração. O segundo é a *estabilidade*, a qual implica reproduzir diferentes fenômenos, havendo pouco erro de mensuração em tempos diferentes. A fidedignidade é maior quanto mais estável for o traço psicológico explorado. O último é a *consistência interna* ou *homogeneidade*, a qual implica que todos os itens do teste meçam um mesmo aspecto.

Averiguar a fidedignidade é equivalente a estimar a intensidade do erro cometido na medida. Na verdade, o problema da confiabilidade depositada em um teste refere-se a quanto da variação de seus resultados se deverá a inconsistências na mensuração. A fidedignidade indica até que ponto o teste é influenciado pelos erros casuais. Se o instrumento possuísse uma validade satisfatória, o cálculo da fidedignidade seria desnecessário.

5.3.1.1. Métodos para o Cálculo da Fidedignidade

a) MÉTODO TESTE-RETESTE

O método mais óbvio de se obterem medidas repetidas de uma característica individual ou grupal é aplicar o mesmo teste duas vezes. Assim, obter-se-ão dois escores para cada indivíduo testado. A correlação entre o conjunto de escores obtidos nas duas aplicações do teste fornecerá um coeficiente de correlação denominado *coeficiente de estabilidade*, calculado pelo coeficiente de correlação de Pearson. Este é assim chamado devido à flutuação que ocorre no intervalo de tempo entre as duas aplicações. Tais variações dos resultados surgem pela presença de variáveis dos sujeitos (tensões emocionais, fadiga, etc.) ou por variações ambientais ocorridas durante as aplicações (ruídos, temperaturas, etc.). Um intervalo de tempo prolongado exacerba essa contaminação dos resultados, diminuindo o coeficiente de fidedignidade do teste. Assim, a variância de erro inerente a esse método são as flutuações temporais.

Nesse método, supõe-se que o traço que está sendo medido se apresente relativamente estável ao longo do tempo, ao menos no período que separa as duas aplicações. Implica também que o segundo escore não se mostre afetado pela dupla exposição.

Esse método tem inúmeras limitações. Uma delas é que as respostas do reteste podem ser influenciadas pelas respostas do teste. Essa influência pode dever-se à memorização de algumas respostas (efeito-memória) e também aos comentários dos examinandos entre a aplicação dos dois testes (efeito-prática). Ainda que o intervalo entre o teste e o reteste seja longo, o erro de mensuração pode ser confundido com mudanças reais na habilidade do examinando decorrentes da aprendizagem. Finalmente, a readministração do mesmo teste, apenas para verificar sua precisão, não motiva o examinando, fazendo com que perca o interesse em executar o teste, o que resulta em uma medida mais pobre do que a primeira.

b) MÉTODO DAS FORMAS PARALELAS

O método das formas paralelas tem por objetivo obter o índice de correlação entre escores de duas formas paralelas de um mesmo teste equivalente. Esse índice de correlação é denominado *coeficiente de equivalência*. Para isso se utilizam itens de natureza e dificuldades análogas, embora aparentemente distintas, que pode ser feito empregando-se o procedimento de análise de itens.

Lindeman (1976) sistematiza claramente os passos a seguir para a construção de itens equivalentes:

> Quais são os critérios de equivalência que cumpre observar? Um deles é óbvio: o conteúdo dos itens; um segundo é a dificuldade destes; e um terceiro, seu poder discriminatório, isto é, o poder de distinguir os que se saem bem dos que não se saem. Entretanto, o processo geral de construir formas equivalentes de testes compreende as seguintes fases:
>
> 1. desenvolvimento de um universo de itens de testagem que represente as espécies de conhecimentos, aptidões, habilidades, atitudes, interesses, etc., que o teste se propõe medir;
> 2. categorização dos itens de testagem de acordo com tipos específicos, áreas de conteúdo, níveis de dificuldades e níveis de poder discriminatório, a fim de obter subgrupos de itens que sejam relativamente homogêneos com respeito a esses fatores;
> 3. seleção de itens em cada uma dessas categorias, baseando-se o número selecionado na ênfase relativa que se dê ao conteúdo particular em causa e, bem assim, no propósito do teste;
> 4. divisão, ao acaso, das questões selecionadas em dois grupos, um dos quais constituirá uma das formas do teste e o outro, a segunda forma.
>
> Embora a construção de formas equivalentes de testes seja difícil mesmo para o testador experimentado, uma observação fiel e cuidadosa do processo sugerido acima deve produzir resultados razoavelmente satisfatórios.

Vimos, dessa forma, que a variância de erro é a especificidade dos itens.

Uma vez demonstrada a equivalência das duas formas, ambas podem ser aplicadas, uma imediatamente depois da outra, ou com espaço de tempo entre as aplicações ao mesmo grupo de sujeitos. A correlação entre as duas séries será o coeficiente de fidedignidade do teste. Se ambos os testes foram aplicados com intervalo de tempo, o coeficiente já não será só de equivalência de itens, mas também de estabilidade temporal, já que podem ocorrer flutuações. Nesse caso, outra variância pode ter lugar: a variância devido a flutuações temporais, como no método anterior.

Nesse método, eliminam-se os efeitos da memória e da prática, visto que os testes podem ser aplicados na mesma sessão. Mas o efeito da aprendizagem não será eliminado por completo, embora seja menor que no método reteste.

c) MÉTODO DA DIVISÃO DAS METADES

Divide-se um único teste em duas metades razoavelmente equivalentes. Aplica-se o teste a um grupo de examinandos e assim se obtém dois grupos de escores que, correlacionados, darão o índice de fidedignidade do teste, chamado *coeficiente de consistência*, também conhecido como coeficiente de fidedignidade bipartida. É necessário, para essa divisão do teste, que se conheça a dificuldade de cada item e seu "peso específico", pois assim as duas partes terão o máximo possível de semelhança. A variância de erro é então a especificidade de itens, da mesma forma que no método de equivalência.

Esse procedimento não se aplica quando o teste é excessivamente longo e exige um prolongado esforço de atenção, pois a fadiga ocasiona o decréscimo das notas da segunda metade.

Assim, se o teste é homogêneo, é dividido em duas metades iguais. Entretanto, se os itens estão dispostos em ordem de dificuldade progressiva, o procedimento consiste em dividir os itens em pares e ímpares, já que têm a mesma chance de possuir o mesmo peso específico. Na correlação entre pares e ímpares (*odd-even*), obtém-se a fórmula de equivalência entre as duas metades.

Indiv.	*Itens*												*Escores*
	a	*b*	*c*	*d*	*e*	*f*	*g*	*h*	*i*	*j*	*l*	*m*	X_i
1	+	0	+	0	0	0	0	0	0	0	0	0	2
2	+	+	+	0	0	+	0	0	0	0	0	0	4
3	+	+	+	+	0	0	0	0	0	0	0	0	4
4	+	+	0	+	+	0	+	+	0	0	0	0	6
5	+	+	+	+	+	0	0	0	0	0	0	0	5

6	+	+	+	0	+	+	0	0	0	0	0	0	5
7	+	+	+	+	+	+	0	0	0	0	0	0	6
8	+	+	+	+	0	+	+	+	+	+	0	0	9
9	+	+	+	+	+	+	+	+	+	+	+	0	11
10	+	+	+	+	+	+	+	+	+	+	+	+	12
p	1,0	0,9	0,9	0,7	0,6	0,6	0,4	0,4	0,3	0,3	0,2	0,1	
q	0	0,1	0,1	0,3	0,4	0,4	0,6	0,6	0,7	0,7	0,8	0,9	
pq	0	0,09	0,09	0,21	0,24	0,24	0,24	0,24	0,21	0,21	0,16	0,09	

$$p = \frac{a}{n}$$

Ind. 1	escores pares	- 0	escore
	escores ímpares	- 2	total=2
Ind. 2	escores pares	- 2	escore
	escores ímpares	- 2	total = 4
Ind. 3	escores pares	- 2	escore
	escores ímpares	- 2	total = 4

X	X^2	Y	Y^2	X_t	XY
2	4	0	0	2	0
2	4	2	4	4	4
2	4	2	4	4	4
3	9	3	9	6	9
3	9	2	4	5	6
3	9	2	4	5	6
3	9	3	9	6	9
4	16	5	25	9	20
6	36	5	25	11	30
6	36	6	36	12	36
34	136	30	120	64	124

onde:

X = escores ímpares
Y = escores pares
N = 10 sujeitos
Xt = escore total

Agora correlacionamos os dois:

$$ri.\,p. = \frac{N \cdot \sum XY - \sum X \cdot \sum Y}{\sqrt{[N \cdot \sum x^2 - (\sum X)^2\,][N \cdot \sum Y^2 - (\sum Y)^2\,]}}$$

$$ri.\,p. = \frac{(10 \times 124) - (34 \times 30)}{\sqrt{[10 \times 136 - (34)^2\,][(10 \times 120 - (30)^2\,]}}$$

$$ri.\,p. = 0{,}848 \cong 0{,}85$$

Como o método de duas metades faz com que haja uma redução do número de itens de cada parte, é necessário, para se obter a estimativa de precisão por esse método, corrigir o índice de correlação pela fórmula de Spearman-Brown:

$$rrt' \text{ ou } S - B = \frac{n.\,rtt}{1 + (n-1)\,rtt}$$

onde:

rtt'= precisão para o teste aumentado n vezes ou nova fidedignidade.
n = número de partes consideradas dentro da nova fidedignidade. É o número de vezes que o teste se encontra estreitado ou aumentado.
rtt = fidedignidade antiga.

Por esse cálculo, obtém-se o tamanho que o teste deve ter para apresentar determinado índice de precisão. O índice de precisão é aumentado em função do aumento do teste.

$$n = \frac{rtt'\,(1 - rtt)}{rtt\,(1 - rtt'\,)}$$

Continuando o exemplo anterior, se se quiser transformar o teste de duas metades (de seis itens cada) em 12 itens, a nova fidedignidade será:

$$rtt' = \frac{2 \cdot 0{,}85}{1 + 0{,}85} \cong 0{,}92$$

onde:

$$n = \frac{12}{6} = 2$$

Para um teste com 24 itens:

$$rtt' = \frac{2 \cdot 0{,}92}{1 + 0{,}92} \cong 0{,}96$$

onde:

$$n = \frac{24}{12} = 2$$

Pelo que se observa, aumentando o número de itens de um teste, aumenta-se a fidedignidade. No entanto, esse aumento não é uma função linear; os aumentos são progressivamente menores.

Escolha do método de acordo com o tipo de teste

Para testes homogêneos — aqueles que medem a mesma habilidade em todo o seu conjunto —, devem-se utilizar métodos de consistência interna ou formas paralelas. Já para testes heterogêneos — aqueles que medem diferentes aspectos em suas partes —, o método mais aconselhável é o de teste-reteste. Para os testes de rapidez são indicados o método teste-reteste e o de formas paralelas, pois resultados obtidos em uma única tentativa são influenciados pela rapidez. Desta forma, a técnica se baseará na consistência de erros cometidos e não na consistência de rapidez de trabalho. Para os testes de potência, no entanto, o de formas paralelas e o de consistência interna podem ser utilizados sem problemas.

5.3.1.2. Cálculo do Erro Padrão de Medida

Apesar de nunca se obter o escore verdadeiro, pode-se corrigir o escore obtido e estimar o escore verdadeiro. Precisa-se diminuir a influência do erro para que o escore obtido se aproxime cada vez mais do escore verdadeiro.

$$X_t = X_v + X_e$$

onde:

X_t = escore total
X_v = escore verdadeiro
X_e = escore erro

a variância será:

$$St^2 = Sv^2 + Se^2$$

A variância do escore verdadeiro será:

$$Sv^2 = St^2 - Se^2$$

Em termos estatísticos, a precisão é calculada através da relação entre a variância do escore verdadeiro e o escore obtido, isto é, 1 menos a proporção da variância erro.

$$rtt = 1 - \frac{Se^2}{St^2} \therefore Se^2 = St^2\,(1 - rtt)$$

Chega-se, então, ao erro-padrão de medida:

$$Se = St\sqrt{1 - rtt}$$

onde:

Se = erro padrão de medida
St = desvio padrão da distribuição
rrt = precisão do teste.

Erro padrão de medida ou *erro padrão de mensuração* refere-se à consistência de resultados obtidos quando se repetem observações dos mesmos indivíduos. Serve para corrigir os escores obtidos de um indivíduo numa população. A interpretação do erro-padrão de medida é feita do mesmo modo que o desvio-padrão, mas a precisão do teste também não pode ser confundida com a precisão das medidas estatísticas. Nesse caso, chama-se erro de amostragem — diferente de erro de mensuração — a consistência dessas medidas estatísticas se determinadas novamente em amostras diferentes da mesma população.

5.3.1.3. Fatores que Afetam a Fidedignidade

Vários elementos concorrem para falsas interpretações, reduzindo a precisão de um teste: fatores ligados ao próprio teste e ligados ao examinando.

Em relação ao conteúdo de um teste, tem-se o número, a amplitude de dificuldade e a interdependência dos itens, a objetividade de correção, a homogeneidade do teste, a interferência de elementos estranhos, etc.

Já foi visto que, aumentando o número de itens, aumenta-se a precisão de um teste, mas esse aumento não deve ser indiscriminado. A dificuldade dos itens também influi na precisão: itens muito fáceis ou muito difíceis não concorrem para a precisão do teste. Os itens de dificuldade média são os mais influenciadores, já que favorecem a variabilidade dos escores. Quando há grande interdependência dos itens, ocorre uma perda de precisão do instrumento, pois é provável que um item ajude a responder outro.

A objetividade da correção de um teste também é fator importante, pois a apreciação subjetiva do juiz pode provocar tendenciosidade.

Os fatores ligados aos examinandos são: precisão das respostas dadas, motivação, fraude e velocidade na realização do teste.

Considerando esses e outros aspectos, cabe ao examinador tentar minimizar essas influências para que se alcance a maior precisão possível.

Interpretação do coeficiente de fidedignidade

Sua interpretação depende, em grande parte, tanto do objetivo quanto do método pelo qual a fidedignidade foi avaliada. Entretanto, sabe-se de antemão que uma baixa fidedignidade reduz a validade de um teste, salvo no caso do método das metades, onde, quanto maior o coeficiente de consistência (o que requer maior homogeneidade dos itens), menor a validação. As variáveis que devem ser consideradas são a variabilidade do grupo, a importância do teste e a natureza da variável.

Em geral, o índice mínimo de correlação considerado aceitável é de 0,80, o que não significa que, dependendo do caso, não se aceitem coeficientes menores. Deve ser considerada cada variável em questão.

5.3.2. Validade

A validade do teste refere-se à capacidade de o teste medir aquilo que se propõe. O simples nome do teste não serve de indicador desse objetivo. Apesar de serem fáceis de identificar pelos seus títulos curtos, estes nada dizem sobre aquilo que o teste mede. "Um teste de 'aptidão mecânica' poderá não ser mais que um teste para medir principalmente a inteligência geral" (Tyler, 1973). Cabe então ao usuário julgar por si mesmo a validade do teste, de acordo com os seus propósitos.

Diz-se que um instrumento é válido quando as diferenças de resultados obtidas com o instrumento refletem, necessariamente, diferenças reais entre indivíduos ou entre o mesmo indivíduo em ocasiões diferentes. Quando se procura validar propriedades físicas, isto é, passíveis de observação, a validade é alcançada pela congruência direta entre o objeto medido e o próprio instrumento de medida. Com variáveis psicológicas, esse processo torna-se mais complexo. Geralmente não se conhece a posição real do indivíduo na variável, não existindo uma forma direta para determinar a validade da medida. Por essa razão, é necessário o uso da comparação com outras medidas consideradas significativas, confiáveis.

Mesmo comparando o teste com algum critério confiável, ainda assim não se deve descrever sua validade em termos gerais. Ela sempre será determinada considerando-se o uso que dela se faz. Portanto, ao se dizer validade "baixa" ou "alta", incorre-se em grave erro, pois, além de não existir apenas uma validade, é preciso levar em conta os propósitos e o grupo para o qual o teste foi construído.

De modo geral, os processos de validação se referem a relações entre a realização do teste e outros fatores ligados a características do comportamento (isto é, o que constituirá o critério, como se verá a seguir).

Há vários tipos de classificação da validação, mas apenas três categorias parecem dominantes. São elas: (1) validade de conteúdo, (2) validade de critério (validade preditiva e validade concorrente ou simultânea) e (3) validade de conceito ou de construto.

Antes de definir tais categorias, é preciso ressaltar dois outros conceitos importantes: validade aparente e variável-critério. A validade aparente, como o nome indica, é aquilo que o teste aparenta medir sem que na realidade o faça. Alguns testes, por exemplo, apresentam muitos itens com um nível de dificuldade pequeno ou quase nulo. Por esse motivo, parecem infantis aos olhos de quem os executa. Isso pode resultar em má vontade dos testandos. Outros ainda aparentam medir o que não fazem, e com isso facilitam o desempenho do candidato no teste. É o caso do Teste PMK. Embora meça aspectos da personalidade, inferidos pela forma como o indivíduo executa a tarefa (o traçado), o testando tende a julgar que se trata de uma avaliação da psicomotricidade apenas. Por essa razão, fica mais tranqüilo quanto ao seu "bom" desempenho em outras variáveis. "Validade aparente é, pois, sinônimo de adequação do material ao objetivo do exame. Se este é adequado e interessante, haverá mais possibilidade de provocar melhor cooperação e motivação por parte do examinando" (Cerdá, 1972).

Outro conceito fundamental para o conhecimento da validade é o conceito de critério. Não se pode estudar a validade sem uma indagação prévia sobre a natureza e o significado de uma das variáveis. A validade é estimada pelo coeficiente de correlação (coeficiente de validade), o qual indica a relação existente entre os dados colhidos do teste e os índices usados. Critério é, pois, um ponto de referência que se usa, com um grau conhecido de certeza, como índice que nos fornece a posição dos indivíduos sobre o contínuo do "critério verdadeiro". Entretanto, nem sempre se conseguem medidas de critério exatas. Estas por vezes são ambíguas, dificultando a representação da variável que se deseja medir. Existem dois tipos de critério utilizados: verdadeiros e disponíveis. Os primeiros retratam exatamente a situação que o teste se propõe medir. Por exemplo, ao medir o êxito de um professor de psicometria, o critério de êxito é relativo, mas se infere de capacidades individuais indispensáveis a um bom professor e do conhecimento sobre o assunto. Sendo possível chegar-se a algum acordo sobre o que se entende por êxito, nesse caso, o critério é considerado verdadeiro. Os disponíveis são aqueles, selecionados dentro das diversas possibilidades, que se relacionam com os verdadeiros. Ex.: comparar a resposta de um teste com a de outro já válido.

O que é importante dizer é que se precisa examinar a natureza da variável-critério para se saber se aumentará ou diminuirá a validade do teste construído.

Ainda que, de acordo com o propósito específico, não se possa esperar que um coeficiente de validade seja uma expressão precisa da validade do teste, todos esses coeficientes devem ser julgados segundo o critério utilizado. Ao se julgar o valor de um coeficiente de validade, deve-se considerar a relação estreita que mantém com o critério e a fidedignidade dessas medidas.

Pode-se concluir que o conceito de validade inclui sempre a necessidade de critério, ou seja, sempre se refere ao padrão de comparação entre o instrumento e o critério.

5.3.2.1. Tipos de Validade

As medidas psicológicas servem a três finalidades básicas: (1) o estabelecimento de uma relação funcional com uma variável particular, (2) a representação de um universo de conteúdo específico e (3) a mensuração de traços psicológicos. Cada finalidade de medida corresponde a determinado tipo de validade: validade relacionada a um critério, validade relacionada a um conteúdo e validade relacionada a um conceito, respectivamente. Esses diversos tipos de validade não são completamente diferentes entre si, posto que o objetivo é o mesmo, isto é, averiguar e expressar o grau de correlação que existe entre o teste e o seu critério. Portanto, deve-se considerá-los como diferentes aspectos da mesma validade.

Validade de conteúdo

É o exame sistemático do conteúdo do teste com o objetivo de verificar se este realmente constitui uma amostra representativa do comportamento que se deseja mensurar. Na validade de conteúdo, os itens do teste têm que representar fielmente seus objetivos. Torna-se relevante na validação dos testes de aproveitamento, pois existe um programa de ensino previamente determinado. Não se trata de simples verificação de conteúdo. Dificuldades existem na sua própria amostragem, que nem sempre constitui uma representação exata dos comportamentos ou conhecimentos pesquisados. Uma análise sistemática pode ajudar a se alcançar esse objetivo, ou seja, precisa-se determinar até que ponto o conjunto de itens que constitui o teste abrange os aspectos necessários para uma boa amostra representativa. A área de conteúdo deve ser inteiramente descrita e, em conseqüência, o conteúdo deve ser amplamente definido.

Um aspecto a ser ressaltado é que a validade de conteúdo não se refere apenas à representatividade do conteúdo selecionado, mas também à representatividade dos comportamentos envolvidos. Outra dificuldade reside no fato de que fatores irrelevantes podem influenciar na sua interpretação. Como exemplo, tem-se a rapidez de realizar tarefas de rotina influenciando na capacidade de entender instruções verbais num teste cujo objetivo é medir o efeito de instruções.

O controle da validade de conteúdo será realizado pela análise de itens. Essa validade não é determinada estatisticamente nem pode ser expressa por um coeficiente de correlação. É obtida por questionamento feito a diferentes juízes que, por sua vez, apontam os objetivos relevantes a medir e analisam a representatividade dos itens.

Nos testes de aptidão e personalidade, onde a semelhança com a área do comportamento de que procuram obter amostra é pequena, esse tipo de validade torna-se insuficiente. Além do mais, esses testes não se baseiam num conjunto de respostas aprendidas de onde se possa extrair o conteúdo do teste. Torna-se necessário, então, considerar outro tipo de validação.

Validade de critério

Tanto a validade preditiva quanto a validade concorrente utilizam um critério para estabelecer a relação entre os escores do teste e os escores do critério. Trata-se de validade empírica e, por isso, mais confiável.

1) VALIDADE PREDITIVA OU DE PREDIÇÃO

Está relacionada à eficiência de um teste em predizer algum resultado futuro, o que inclui a probabilidade de determinado teste predizer o resultado futuro de um indivíduo nesse mesmo teste ou predizer algum aspecto de sua conduta. Com esse objetivo os testes são verificados com relação a um critério, isto é uma medida objetiva de realização posterior dos sujeitos. Esse tipo de validade é bastante útil na classificação e seleção de pessoal.

Vários métodos são utilizados para se estimar a validade preditiva, mas o que há de comum em todos eles é o uso da correlação entre os resultados do teste e as condutas subseqüentes tomada como critério. Como é possível utilizar diversas formas de conduta, pode-se ter mais de uma validade preditiva. Por conseguinte, o que se precisa fazer é definir, acuradamente, a finalidade que se quer atingir para delimitar, com rigor, o correspondente critério.

Naturalmente, o critério torna-se tão mais difícil de ser atingido quanto mais complexa for a conduta a ser predita. Além do mais, os critérios são de validade relativa, nenhum deles podendo ser absolutamente confiável. Se o objetivo do teste for prever o êxito de uma disciplina específica, o critério será dado pelas notas obtidas em tal matéria. O critério pode ser outro instrumento que meça a mesma característica do que aquele que precisa ser validado. O importante é que seja válido e fidedigno, cabendo ao experimentador obter um critério mais adequado quando for possível.

A validade preditiva com relação aos seus critérios vem geralmente descrita nos manuais dos testes. Isso facilita a compreensão do aplicador quanto ao que ele se propõe.

Em suma uma vez construído o critério, a validade preditiva do teste será dada pelo coeficiente de correlação entre as predições efetuadas a partir dos resultados do teste e o resultado da conduta-critério (Cerdá 1972).

Ligado à validade preditiva está o conceito de eficiência de predição. Diz-se que um teste é eficiente quando há uma boa correlação entre o preditor e o critério. Também, quanto maior o grau de dispersão do critério, maior será a quantidade de predição ou prognóstico. O coeficiente de eficiência (*E*) é uma medida da redução do erro obtida caso se conheça o grau de associação entre o preditor e o critério. É obtida pela fórmula E = 100 – (1 – *K*) (medida em percentagem), onde *K* é o coeficiente de alienação.

Como em toda predição existe uma margem de erro, é preciso calcular um índice que informe o grau de precisão das predições realizadas. O erro é igual à diferença entre o escore verdadeiro do examinando no critério e o escore estimado para esse mesmo critério, e resulta de erros casuais e de diferenças entre o teste e o critério. O erro padrão de estimativa é calculado através da fórmula:

$$S_{xy} = S_y \sqrt{1 - r^2_{xy}}$$

onde:

S_{xy} = erro padrão da estimativa
S_y = desvio padrão do critério
r_{xy} = coeficiente de validade

Com o escore-padrão de estimativa, estabelecem-se os limites dentro dos quais se situará o escore verdadeiro do critério.

2) VALIDADE CONCORRENTE OU SIMULTÂNEA

Trata-se da correlação entre os resultados de um teste e um critério (teste já validado, rendimento do sujeito em alguma atividade ou mesmo avaliação da variável realizada por juízes), sem medir um considerável lapso do tempo. Obtém-se a medida do critério no momento em que se obtém o resultado do teste. Como a validade preditiva, a validade concorrente se expressa por um coeficiente de validade (coeficiente de correlação que fornece uma medida quantitativa dessa relação).

Seu uso é importante para a descrição e o diagnóstico de uma conduta que existe em determinado momento. É geralmente usada quando o aplicador quer separar os indivíduos, no momento da mensuração, na variável medida. Caso o teste discrimine os indivíduos em tais grupos, diz-se que possui validade simultânea. Ainda que seu objetivo não seja predizer resultados futuros, uma boa validade concorrente poderá ser utilizada com essa finalidade, pois uma boa capacidade preditiva pressupõe uma boa capacidade de diagnóstico. A diferença entre validade preditiva e validade concorrente é, pois, o tempo em que o critério é utilizado e o objetivo (uma diagnostica e a outra prediz comportamentos).

A validade concorrente é adequada para os testes de personalidade e para alguns testes de capacidade. Um exemplo de teste que utiliza tal validade é o MMPI.

Validade de conceito ou de construto

Quando a característica medida não é algo que se possa identificar com algum tipo de comportamento, não se pode utilizar essa validade pragmática, mas sim uma validade do conceito em si. Isso quer dizer que se infere o grau em que uma pessoa possui determinada característica — que supostamente aparece na realização do teste — pela definição do conceito: definições que esboçam a relação do conceito com outros construtos ou outros comportamentos passíveis de serem observados. Isso exige, portanto, grande quantidade de informações a respeito do traço avaliado, obtidas por diferentes fontes. "Esse tipo de validação é usado quando o psicólogo crê que seu instrumento reflete um 'construto' particular, ao qual são ligados certos significados" (van Kolck, 1981). Assim, o critério é a teoria psicológica de apoio e o processo de validação é igual àquele pelo qual se desenvolvem as teorias científicas.

O grande problema dessa validação é que não se pode confiar totalmente no seu resultado, posto que, se as predições não se confirmam não se pode afirmar com certeza que a falha se deve ao instrumento ou se está na teoria sobre a qual a validade se apoiou.

Como exemplo de técnicas utilizadas para a obtenção da validade de construto, temos o critério de diferenciação com a idade (escolha de itens cuja freqüência de solução aumenta com a idade), a análise fatorial (pela técnica se determinam os fatores comuns entre os testes; a validade fatorial fica definida pelo grau de saturação em um fator) e a correlação com outros testes como medidas do construto.

Em suma, a validade é um processo sem fim que se inicia desde a construção do teste. Começa com a definição do construto em questão, derivada de teorias psicológicas, achados de pesquisa, etc. (é a validação de construto), passando pela validade interna (análise empírica de itens na escolha dos melhores e análise fatorial para determinar o nível de saturação do teste) e chegando à validação cruzada de vários escores através da análise estatística.

Qualquer dado técnico contido no manual é de ajuda na composição e interpretação da validade. Por exemplo, dados sobre a consistência interna definirão a homogeneidade do construto, assim como dados sobre a fidedignidade definirão as flutuações temporais.

Podemos concluir que a validade de conteúdo e a validade de critério podem ser consideradas como passos ou estágio para a obtenção da validade de construto de todos os testes.

5.3.2.2. Fatores que Afetam a Validade do Teste

A heterogeneidade dos itens é um fator influenciador: costuma diminuir a precisão do teste, mas, em geral, aumenta a sua validade. Outra questão é a representatividade da amostra: um teste que apresente resultados consistentes no sentido de que mede apenas características relevantes de alguma área de conteúdo não será válido, pois a amostra não é representativa. Também é influenciada pela fidedignidade do teste preditor, pela escolha do critério e pela associação entre o critério e aquilo que o teste mede. Diminuindo os erros casuais decorrentes desses fatores, aumenta-se a validade. Finalmente, também varia com a heterogeneidade do grupo, pois, quanto mais heterogêneo este for, mais alto será o coeficiente de validade.

Conclui-se que fidedignidade e validade são dois conceitos intimamente inter-relacionados que denotam a eficiência de um instrumento de medida. São características essenciais de qualquer instrumento de mensuração e, quando se considera o estabelecimento de relações entre variáveis como um dos objetivos da ciência, instrumentos válidos e fidedignos são necessários para se atingir esse objetivo.

Observação: Sobre validade e fidedignidade, resolva os seguintes exercícios: 76, 77, 78, 79, 87, 88, 89 e 90.

6· EXERCÍCIOS

Atenção! Aqui estão alguns exercícios de psicometria apresentados numa ordem que não corresponde àquela que os assuntos foram formulados no decorrer do livro, exatamente para que o leitor possa ter a sensação de estar se submetendo a uma prova de conhecimentos. Como sugestão, seria interessante fazer os exercícios na medida em que a matéria fosse sendo estudada, conforme indicado no final de cada sessão. Antes de cada prova, refaça os exercícios, desta vez todos de uma vez, e confira seu conhecimento. Estude e boa sorte!

1. Utilizando a média das provas realizadas durante o ano letivo, que tipo de escala de medida poderia ser usada?
2. Quando a medida é feita no nível de escala ordinal, que informação nos dão os números?
3. Quando incluímos em uma escala de avaliação categorias extremas, aparentemente desnecessárias, estamos tentando minimizar que tipo de erro?
4. Um psicólogo infantil aplicou um teste a uma amostra de 50 crianças e as dividiu em normais e portadoras de lesão cerebral. Que operações estatísticas o psicólogo poderia fazer a partir desses dados?
5. Cite dois exemplos de números usados apenas como rótulos.
6. Um supervisor, ao avaliar o operário *X*, julgou seu desempenho como insatisfatório em todos os traços da escala, a partir de um conceito negativo que ele tinha do funcionário como pessoa. Nesse caso, o supervisor não levou em conta que em alguns traços o funcionário avaliado satisfazia a empresa. Esse supervisor incorreu em que tipo de erro de avaliação?
7. Quais os princípios que a psicometria fornece?
8. Qual a diferença maior entre escala de razão e escala de intervalos?

9. Por que a medida das variáveis psicológicas é considerada derivada?
10. Um teste de inteligência foi aplicado a dois indivíduos, *X* e *Y*. Eles obtiveram, respectivamente, 60 e 30 pontos. Não podemos dizer que o indivíduo *X* é duas vezes mais inteligente do que o indivíduo *Y*, por quê?
11. Quando desejo medir o moral de um grupo de pessoas, atinjo esse objetivo por que tipo de medida?
12. Qual a vantagem da quantificação em psicologia?
13. Qual a maior conseqüência do fato de não se encarar a medida sob uma perspectiva instrumentalista?
14. Qual a importância da medida em psicologia?
15. Dê exemplo de uma variável contínua e de uma "variável" discreta (atributo).
16. Caracterize e exemplifique os diferentes tipos de escalas de medida.
17. Qual a diferença entre uma escala que possui zero absoluto e uma que possui zero arbitrário? Que conseqüências para a realização de uma medida advém desses dois tipos de escalas?
18. Explique a diferença entre traços e categorias numa escala de avaliação.
19. Conceitue o efeito de halo que pode ocorrer numa avaliação.
20. Qual o objetivo da psicometria?
21. Que propriedades caracterizam a escala nominal?
22. Por que o processo de mensuração é isomórfico à realidade?
23. Um psicólogo industrial realizou um levantamento para verificar a freqüência de operários nas diferentes funções da área de produção. Constatou que alguns operários não podiam ser incluídos em qualquer dessas funções. Isso quer dizer que as categorias por ele elaboradas não atendiam a que requisito?
24. "Medir é atribuir *símbolos* a *objetos* ou *eventos* de acordo com certas *regras.*" Nessa definição, que significa cada um dos termos sublinhados?
25. "Não é necessário que um fenômeno satisfaça a todas as propriedades numéricas para que se possam fazer mensurações úteis." Essa definição é certa ou errada? Por quê?
26. Quando se quer pesquisar a relação existente entre peso (dicotomizado em pessoas gordas e magras) e humor (bom humor e mau humor), que estatísticas podem ser utilizadas?
27. A que tipo de escala corresponde o tempo despendido por um corredor em uma corrida de obstáculos? Justifique sua resposta.

28. Como podemos minimizar o erro decorrente da transformação de uma escala ordinal em escala de intervalos?
29. De que modo a mensuração numérica permite uma comunicação de relações de forma mais econômica?
30. Que se entende pelo termo "operação de mensuração"?
31. Dê um exemplo de mensuração no nível das categorias.
32. Explique a mensuração ordinal.
33. Exemplifique uma pesquisa cujas variáveis são tratadas em nível de escala intervalar, quando normalmente deveriam ser tratadas ordinalmente.
34. De que forma as medidas ordinais podem ser transformadas em outro conjunto de símbolos ordenados sem perderem o seu significado?
35. Dê um exemplo de característica psicológica e diga se existe meio direto ou indireto de medi-la.
36. Exemplifique a diferença existente entre mensuração fundamental e derivada. Dê um exemplo de cada uma.
37. É verdade que toda variável indireta é relativa?
38. Um teste situacional pode medir diretamente uma característica de personalidade?
39. Numa avaliação de escala, diferencie erro lógico de erro de proximidade.
40. Caracterize e dê um exemplo de pesquisa da escala ordinal.
41. Algumas vezes a numeração dos prisioneiros num presídio é nominal, outras vezes é um tipo de mensuração ordinal. Explique o porquê de cada caso.
42. Num concurso de beleza e numa avaliação de personalidade estamos fazendo uma mensuração. Explique por que e cite os elementos de mensuração de cada uma das situações.
43. Dê exemplo de variáveis que não possuem zero absoluto. Justifique.
44. Dê exemplo de uma pesquisa que utiliza o nível de medida de razão. Por quê?
45. Que se pode fazer para reduzir os erros cometidos numa avaliação?
46. Qual a principal vantagem do uso de um teste psicológico? Justifique.
47. Cite duas vantagens dos testes individuais.
48. Ao aplicar um teste padronizado, por que devemos ler as instruções exatamente como determina o manual?

49. Quais as conseqüências que podem advir de um *rapport* inadequado entre examinando e examinador?
50. O indivíduo *X* obteve percentil 62 em um teste de relações espaciais, e o indivíduo *Y*, percentil 75 no mesmo teste. Que significa cada escore percentílico e que tipo de comparação podemos fazer entre esses dois indivíduos?
51. Explique a diferença entre uma distribuição dos escores *Z* (nota derivada) e uma distribuição do escore *T*, uma vez que ambas possuem média 50 e desvio-padrão 10.
52. Suponhamos uma distribuição normal, com $\bar{X} = 5$ e $S = 2$, cujos escores variam de 1 a 10. Determine os escores *Z* correspondentes a cada escore bruto.
53. Suponhamos um teste de 200 itens de múltipla escolha com quatro opções de resposta. Ao corrigir o item 101 nos 100 indivíduos testados, obtemos os seguintes resultados:
    - 60 acertaram o item;
    - três omitiram a resposta;
    - nenhum desistira do teste até essa questão.

    Fazendo a correção pela técnica de Davis, qual será o IF do item?
54. Quais os requisitos fundamentais para a escolha de um teste?
55. Que se entende por grupo normativo?
56. Qual a finalidade da transformação de escores brutos em escores elaborados?
57. Quando a distribuição de freqüências de escores brutos é fortemente assimétrica, como será a distribuição dos escores *Z*?
58. "Um teste é, fundamentalmente, uma *medida objetiva* e *padronizada* de uma *amostragem do comportamento.*" Explique o que significam as expressões sublinhadas.
59. Em que difere um teste que mede apenas a velocidade de outro que mede apenas potência ou capacidade?
60. Supondo que os escores brutos estejam normalmente distribuídos num teste onde a média é 70 e o desvio-padrão é 10, interprete os escores dos indivíduos abaixo:
    indivíduo $A = 75$;
    indivíduo $B = 50$.
61. Como podemos normalizar uma distribuição de escores brutos obtidos em um teste?

62. Cinco indivíduos submeteram-se a um processo seletivo onde vários testes foram administrados. No teste de inteligência eles obtiveram as notas:
$A = 50$, $B = 60$, $C = 54$, $D = 48$, $E = 71$.
Ao transformar essas notas brutas em notas elaboradas, usando a unidade *tetron*, qual deve ter sido a classificação desses sujeitos, sabendo-se que $\overline{X} = 60$ e $S = 12$?
63. Com uma nota bruta igual a 40 num teste padronizado com norma *Z*, tendo $\overline{X} = 70$ e $s = 10$, como estaria colocado um indivíduo?
64. Um teste foi construído utilizando-se a norma *z*. Posteriormente, resolveu-se mudar o tipo de norma para a nota derivada (*Z*). Faça essa transformação e explique a necessidade de fazê-la. Interprete os resultados. ($\overline{X} = 40$ e $s = 5$; valores brutos = 30 e 35).
65. Num grupo de 120 pessoas, 70 obtiveram resultados abaixo de 44,5 e três obtiveram exatamente 45. Qual a OP correspondente ao resultado 45?
66. Se você obtiver o melhor resultado numa turma de 100 alunos sem que ninguém tenha empatado com você, qual a sua OP?
67. Qual o objetivo fundamental das transformações não-lineares?
68. Cite as semelhanças e diferenças entre as escalas de estaninos e estenos.
69. Para que são utilizados freqüentemente os escores-padrão (*z*)?
70. Quando a distribuição de freqüência de escores brutos é fortemente assimétrica, como será a distribuição do escore *z*?
71. Aplicou-se um teste a 200 indivíduos, verificando-se um acerto respectivo de 50 e 25 pessoas no grupo superior e no grupo inferior. Calcular o IF desse item.
72. Quando o IPD é menor que zero, que acontece ao item?
73. Para que é calculado o IPD?
74. Formule e resolva uma questão sobre análise de itens.
75. Um teste *K*, depois de aplicado a um grupo normativo, resultou num desvio-padrão igual a 12 e num desvio-padrão verdadeiro igual a 10. Encontre:
a) sua variância de erro (Se^2);
b) a fidedignidade de escores obtidos;
c) o erro-padrão de medida.
76. Que se entende por erro-padrão de mensuração?
77. Qual a informação que nos dá a correlação entre duas formas paralelas de um teste, quando se quer testar a fidedignidade?

78. Se temos um teste com 15 itens cuja *rtt* é igual a 0,75, para obtermos uma nova fidedignidade (*rtt'*) de 0,80 quantos itens vamos precisar acrescentar?
79. Se temos um teste com 60 itens e uma *rtt* igual a 0,86, para obtermos uma *rtt* igual a 0,80, quantos itens precisam ser adicionados ou retirados?
80. Em vários exames de seleção, os candidatos são submetidos a uma prova de nível mental. Trata-se de um teste psicométrico? Em que sentido?
81. Diferencie uma medida cujo método é psicométrico de outra cuja metodologia seja projetiva.
82. Que características um teste precisa ter para ser um teste padronizado? Por quê?
83. Para que se usa uma tabela contida no manual de um teste?
84. Dê um exemplo de um teste de rapidez. Como se o reconhece?
85. Como procederia você ao determinar a organização de um conjunto de itens de um teste de capacidade?
86. Num teste de capacidade, por que os itens são heterogêneos?
87. Para que serve a validade de um teste? Por que é tão importante que a tenha em todo manual de teste?
88. Qual é o nome que se dá à validade de um teste obtida pela correlação com outro teste já validado?
89. Quando o critério de validação é uma teoria, a que tipo de validade nos referimos?
90. Qual o melhor tipo de validade para os testes de inteligência, aproveitamento, aptidão e personalidade? Justifique.

7· REFERÊNCIAS BIBLIOGRÁFICAS

ANASTASI, A. (1975). *Testes psicológicos.* São Paulo, Edusp.

BORING, E.G. (1950). *A history of experimental psycology.* Nova York; Appleton-Century-Crofts.

CAMPBELL, D.T. (1950). "The indirect assessment of social attitudes". *Psychol. Bull.*, 47, p.15-38.

CATTELL, R.B. *et al* (1950). "The objective measurement of dynamic traits". *Educ. Psychol. Measmt.*, 10, p.224-48.

CERDÁ, E. (1972). *Psicometría general.* Barcelona, Editorial Herder.

CRONBACH, L.J. (1960). *Essentials of Psychological Testing.* Nova York, 2ª ed., Harper & Brothers.

FECHNER, G.T. (1889). *Element der Psychopsysik.* Reimpressão. Leipzig, Breitkopfund Hartel.

FRANCK, L.K. (1939). "Projective methods for the study of personality". *J. Psych.*, 8, p.389-413.

GALTON, F. (1980). *Memories of my Life.* Londres, Methuen.

GUILFORD, I.P. (1954). *Psychometric Methods.* Nova York, McGraw-Hill, Book Company.

HAYS, W.J. (1970). *Quantificação em psicologia.* São Paulo, Herder.

KAPLAN, A. (1975). *A conduta na pesquisa.* São Paulo, Herder.

LINDEMAN, H.R. (1976). *Medidas educacionais.* Porto Alegre, Globo/MEC.

MEDIANO, Z.D. (1976). *Módulos instrucionais para medidas e avaliação em Educação.* Rio de Janeiro, Francisco Alves.

REUCHLIN, M. (1971). *Os métodos em psicologia.* São Paulo, Difel.

RODRIGUES, A. (1976). *A pesquisa experimental em psicologia e educação.* Petrópolis, Vozes.

ROSENZWEIG, S. (1949). "Available Methods for Studing Personality". *J. Psych.*, 28, p.345-68.

RUDIO, Franz V. (1983). *Introdução ao projeto de pesquisa científica.* Petrópolis, Vozes.

SCHEEFFER, R. "Evolução dos testes na psicologia e na educação". In Lourenço Filho (1976). *Testes e medidas na educação.* Rio de Janeiro, FGV.

STEVENS. S.S. (1946). "In the Theory of Scales of Measurements". *Science.* l03, p.677-80.

TIFFIN, I. e McCORMICK, E. (1975). *Psicologia industrial.* São Paulo, EPU/ Edusp.

TYLER, L.E. (1956). *The Psicology of Human Differences.* Nova York, Appleton-Century-Crofts.

———— (1973). *Testes e medidas.* Rio de Janeiro, Zahar.

VAN KOLCK, O. Lorenção. (1981). *Técnicas de exame psicológico e suas aplicações no Brasil.* Petrópolis, Vozes.

YELA, M. (1979). (Inédito.)

WEINBERG, D. (1937). *Méthodes d'unification des mesures en biométrie et biotypologie — le tetronage.* Paris, Herman.

WOODWORTH, R.S. (1918). *Dynamic.* Nova York, Columbia University Press.

APÊNDICE A

Exemplo de Padronização dos Testes (do Manual Cepa)

INFORMAÇÕES TÉCNICAS SOBRE AS PROVAS DA BATERIA CEPA

INV — Pierre Weil

A forma A do INV foi objeto de grande número de estudos, versando sobre dificuldade e poder discriminante dos itens, precisão do teste, validade (correlação com critério exterior), valor discriminativo entre grupos socioeconômicos distintos, etc. Foi utilizada pelo Senac numa pesquisa de padronização efetuada no antigo Distrito Federal, em 1955, sobre adolescentes de 11 a 17 anos de idade. A forma C do INV, em conjunto com uma prova verbal do Dr. Otávio Martins, foi usada na *Pesquisa de nível mental da população brasileira*, publicada pelo Senac em 1959.

DIFICULDADE DOS ITENS

Uma das características do INV é a gradação de sua dificuldade, que cresce desde a primeira até a última página, como ficou demonstrado por pesquisa realizada em 100 adolescentes comerciários de São Paulo:

Páginas	1	2	3	4	5
Dificuldade (% de acertos)	94	65	61	40	25

PRECISÃO

Três estudos foram efetuados para avaliar a precisão do teste. Um, sobre a mesma amostra de adolescentes comerciários, consistiu no cálculo da correlação entre duas metades. O coeficiente de correlação de Pearson foi igual a 0,82. Em outra amostra de crianças de escolaridade primária, com idades de sete a 12 anos ($N = 600$), a precisão foi estimada pela fórmula de Kuder Richardson como sendo igual a 0,93. Finalmente, a pesquisa realizada com mil adolescentes comerciários e não-comerciários do ex-Distrito Federal, de 11 a 16 anos de idade, também resultou em algumas estimativas, a saber:

Coeficiente de Precisão
(*método das duas metades, com correção, de Spearman-Brown*)

Idade	11	12	13	14	15	16
Coeficiente	0,89	0,86	0,92	0,93	0,95	0,96

Validade: investigou-se também a validade do teste, calculando-se a sua correlação com outras provas de inteligência:

Teste	*Coeficiente empregado*		*Tamanho e natureza da amostra*	*Valor*
Binet-Terman ...	Spearman ..	122	Sociedade Pestalozzi do Brasil.	0,74
Meili	Pearson. . . .	54	Adolescentes comerciários (Senac — S. Paulo)	0,52
Goodenough	Pearson. . . .	100	Alunos do curso de alfabetização	0,33
Goodenough	Spearman ..	130	Sociedade Pestalozzi do Brasil.	0,52
Raven (Matrizes . .	Spearman ..	20	Alunos — (CBAI)	0,84
Progressivas).	Spearman ..	80	Sociedade Pestalozzi do Brasil.	0,72
Jacyr Maia	Pearson. . . .	100	Adolescentes comerciários (Senac — S.Paulo)	0,47
Jacyr Maia	Pearson. . . .	50	Adolescentes comerciários (Senac — Belo Horizonte) .	0,48

Sinônimos — ***Otacílio Rainho***

Inicialmente, o Cepa usou uma forma experimental, com 100 itens posteriormente submetida à aferição estatística, sendo então preparadas duas formas paralelas com 60 itens cada uma: Formas *A* e *B*, das quais a primeira foi incluída na Bateria Cepa.

O teste de sinônimos foi também utilizado pelo Senac em sua pesquisa já mencionada, sobre mil adolescentes do ex-Distrito Federal. Além dos dados sobre dificuldade e poder discriminante dos itens, foi avaliada a precisão da prova pelo método das duas metades (itens pares e ímpares):

Coeficiente de Precisão
(*correção de Spearman-Brown*)

Idade	11	12	13	14	15	16
Coeficiente	0,94	0,93	0,94	0,93	0,93	0,96

Sendo o teste de sinônimos uma prova de tempo limitado, bastante rígido e curto, é provável que os coeficientes acima sejam ligeiramente mais elevados do que seriam se a prova tivesse sido aplicada com tempo livre, o que, entretanto, acarretaria mais saturação do fator G. Experiências realizadas no Serviço Psicotécnico da Marinha, em 183 candidatos ao Colégio Naval, demonstraram elevada correlação com o Teste das Matrizes Progressivas de Raven: 0,85.

No *Manual de diagnóstico psicológico* de Meili e na obra de L. Walther *A psicologia do trabalho industrial*, há vários estudos referentes aos testes de fatores N, R. S e M, e sobre o Teste de Toulouse-Piéron. Em amostra de 524 casos, Meili apresenta o valor 0,69 como o coeficiente de precisão de suas Séries Numéricas.

A correlação entre essa prova e o Ribakow foi de 0,42 — obtida por Walther em pesquisa realizada em 921 adultos operários de uma fábrica de Genebra.

Meili cita outros estudos realizados com suas Séries Numéricas, Atenção Concentrada (Toulouse-Piéron) e Memória Visual, que apresentam os seguintes coeficientes de correlação:

Memória-Atenção Concentrada	0,51
Memória-Séries Numéricas	0,22
Atenção Concentrada-Séries Numéricas	0,30

Inventário de interesses

Estudos do Dr. Angelini, em 800 estudantes da quarta série de cursos ginasiais diurnos na cidade de São Paulo, revelaram os seguintes coeficientes de precisão:

Ciências físicas	0,92	P. persuasivas	0,91
Ciências biológicas	0,90	P. lingüísticas	0,91
Cálculos	0,87	P. humanitárias	0,94
Negócios	0,91	P. artísticas	0,93
P. executivas	0,91	P. musicais	0,95

A validade externa do teste não foi aferida pelo autor, mas se procedeu a minucioso estudo da validade lógica, computando-se os coeficientes de correlação bisserial entre o item e o total obtido na área correspondente. Os resultados obtidos (os coeficientes variam entre 0,25 e 0,97) confirmam os publicados por Thurstone na versão original da prova.

Apêndice B

Exemplo de Aplicação de Normas

Teste "Raciocínio Mecânico" da Bateria Cepa. Amostra constituída por 114 sujeitos do sexo masculino, com idades variando de 18 a 23 anos e escolaridade equivalente a terceiro grau incompleto.

Tabela de Percentis		*Tabela de Notas T*		*Tabela de Estaninos*	
Pontos	*Percentil*	*Pontos*	*T*	*Pontos*	*Estanino*
03	01	04	26	18	01
20	05	09	30	27	02
26	10	14	31	33	03
30	15	19	32	38	04
32	20	24	35	43	05
33	25	29	38	47	06
35	30	34	42	53	07
37	35	39	46	58	08
38	40	44	52	70	09
40	45	49	57		
41	50	54	62		
42	55	59	66		
43	60	64	71		
44	65	69	76		
45	70				
46	75				
48	80				
51	85				
54	90				
58	95				
64	99				

n = 144

$\overline{X}$ = 39,63

S = 11,22

APÊNDICE C

TABELA A

Áreas sob a Curva Normal entre 0 e X

$\frac{x}{\sigma}$	*00*	*01*	*02*	*03*	*04*	*05*	*06*	*07*	*08*	*09*
0,0	00000	00399	00708	01197	01595	01994	02392	02790	03188	03586
0.1	03983	04380	04766	05172	05567	05962	06356	06749	07142	07535
0,2	07926	08317	08706	09095	09483	09871	10257	10642	11026	11409
0,3	11791	12172	12552	12930	13307	13683	14058	14431	14803	15173
0,4	15554	15910	16276	16640	17003	17364	17724	18082	18439	18793
0,5	19146	19497	19847	20194	20450	20884	21226	21566	21904	22240
0,6	22575	22907	23237	23565	23891	24215	24537	24857	25175	25490
0,7	25804	26115	25424	26730	27035	27337	27637	27935	28230	28524
0,8	28814	29103	29389	29673	29955	30234	30511	30785	31057	31327
0,9	31594	31859	32121	32381	32639	32894	33147	33398	33646	33891
1,0	34134	34375	34614	34850	35083	35313	35543	35769	35993	36214
1,1	36433	36650	36864	37076	37286	37493	37698	37900	38100	38298
1,2	38493	38686	38877	39065	39251	39435	39617	39796	40073	40176
1,3	40320	40490	40658	40824	40988	41149	41308	41466	41621	41774
1,4	41924	42073	42220	42364	42507	42647	42786	42922	43056	43189
1,5	43319	43448	43574	43699	43822	43943	44062	44179	44295	44408
1,6	44520	44630	44738	44845	44950	45053	45154	45254	45352	45449
1,7	45543	45637	45728	45818	45907	45994	46080	46164	46246	46327
1,8	46407	46485	46562	46638	46712	46784	46856	46926	46995	47062
1,9	47128	47193	47257	47320	47381	47441	47500	47558	47615	47670
2,0	47725	47778	47831	47882	47932	47982	48030	48077	48124	48169
2,1	48214	48257	48300	48341	48382	48422	48461	48500	48537	48574
2,2	48610	48645	48679	48713	48745	48778	48809	48840	49134	49158
2,3	48928	48956	48983	49010	49036	49061	49086	49111	49134	49158
2,4	49180	49202	49224	49245	49266	49286	49305	49324	49343	49361

TABELA A

Áreas sob a Curva Normal entre 0 e X

$\frac{x}{\sigma}$	*00*	*01*	*02*	*03*	*04*	*05*	*06*	*07*	*08*	*09*
2,5	49379	49396	49413	49430	49446	49461	49477	49492	49506	49520
2,6	49534	49547	49560	49573	49585	49598	49609	49621	49632	49643
2,7	49653	49664	49674	49683	49693	49702	49711	49720	49728	49736
2,8	49744	49752	49760	49767	49774	49781	49788	49795	49801	49807
2,9	49813	49819	49825	49831	49836	49841	49846	49851	49856	49861
3,0	49865	49869	49873	49878	49882	49886	49889	49893	49897	49900
3,1	49903	49906	49910	49913	49916	49918	49921	49924	49926	49929
3,2	49931	49934	49936	49938	49940	49942	49944	49946	49948	49950
3,3	49952	49953	49955	49947	49958	49960	49961	49962	49964	49965
3,4	49966	49968	49969	49970	49971	49972	49973	49974	49975	49976
3,5	49977	49978	49978	49979	49980	49981	49981	49982	49983	49983
3,6	49984	49985	49985	49986	49986	49987	49987	49988	49988	49989
3,7	49989	49990	49990	49990	49991	49991	49992	49992	49992	49992
3,8	49993	49993	49993	49994	49994	49994	49994	49995	49995	49995
3,9	49995	49995	49996	49996	49996	49996	49996	49996	49996	49997

Nota: Os valores do corpo da tabela são antecedidos por zero e vírgula (0,).

TABELA B
Funções de *P*

P (ou Q)	*A* *PQ*	*B* $\sqrt{PQ}$	*C* *PQ/Y*	*D* $\sqrt{PQ/Y}$	*E* *P/Y*	*F* *Y/P*	*G* *2Y/P*	*H* *Y*	*I* *2Y/Q*	*J* *Y/Q*	*K* *Q/Y*	*L* $\sqrt{P/Q}$	*M* $\sqrt{Q/P}$	*Q* *(OU P)*
0,99	0,0099	0,0995	0,3715	3,732	37,15	0,02692	-0,06262	0,02665	0,2002	2,665	0,37752	9,950	0,1005	0,01
0,98	0,0196	0,1400	0,4048	2,892	20,24	0,4941	-0,1015	0,04842	4,9719	2,421	0,4131	7,000	0,1429	0,02
0,97	0,0291	0,1706	0,4277	2,507	14,26	0,07015	-0,1319	0,06804	4,2657	2,268	0,4409	5,686	0,1759	0,03
0,96	0,0384	0,1960	0,4456	2,274	11,14	0,8976	-0,1571	0,08617	3,7717	2,154	0,4642	4,899	0,2041	0,04
0,95	0,0475	0,2179	0,4605	2,113	9,211	0,1086	-0,1786	0,1031	3,3928	2,053	0,4848	4,359	0,2294	0,05
0,94	0,0564	0,2375	0,4735	1,994	7,891	0,1267	-0,1970	0,1191	3,0868	1,985	0,5037	3,958	0,2526	0,06
0,93	0,0651	0,2551	0,4848	1,900	6,926	0,1444	-0,2131	0,1343	2,8307	1,918	0,5213	3,645	0,2743	0,07
0,92	0,0736	0,2713	0,4951	1,825	6,183	0,1616	-0,2271	0,1487	2,6110	1,858	0,5381	3,391	0,2949	0,08
0,91	0,0819	0,2862	0,5043	1,762	5,604	0,1785	-0,2393	0,1624	2,4191	1,804	0,5542	3,180	0,3145	0,09
0,90	0,0900	0,3000	0,5123	1,709	5,128	0,1950	-0,2499	0,1755	2,2491	1,755	0,5698	3,000	0,3332	0,10
0,89	0,0979	0,3129	0,5206	1,664	4,733	0,2113	-0,2591	0,1880	2,0966	1,709	0,5850	2,814	0,3516	0,11
0,88	0,1056	0,3250	0,5279	1,625	4,399	0,2273	-0,2671	0,2000	1,9587	1,667	0,5999	2,708	0,3693	0,12
0,87	0,1131	0,3363	0,5346	1,590	4,112	0,2432	-0,2739	0,2115	1,8330	1,627	0,6145	2,587	0,3885	0,13
0,86	0,1204	0,3470	0,5409	1,559	3,864	0,2588	-0,2796	0,2226	1,7175	1,590	0,6290	2,478	0,4035	0,14
0,85	0,1275	0,3571	0,5468	1,532	3,646	0,2743	-0,2843	0,2332	1,6110	1,554	0,6433	2,380	0,4201	0,15
0,84	0,1344	3666	0,5524	1,507	3,452	0,2896	-0,2880	0,2433	1,5123	1,521	0,6576	2,291	0,4365	0,16
0,83	0,1411	3756	0,5576	1,484	3,280	0,3049	-0,2909	0,2531	1,4203	1,489	0,6718	2,210	0,4525	0,17
0,82	0,1476	0,3842	0,5625	1,464	3,125	0,3200	-0,2929	0,2624	1,3344	1,458	0,6860	2,134	0,4685	0,18
0,81	0,1539	0,3923	0,5671	1,446	2,985	0,3550	-0,2941	0,2714	1,2589	1,428	0,7002	2,065	0,4844	0,19
0,80	0,1600	0,4000	0,5715	1,429	2,858	0,3500	-0,2946	0,2800	1,1781	1,400	0,7144	2,000	0,5000	0,20
0,79	0,1659	0,4073	0,5756	1,413	2,741	0,3648	-0,2942	0,2882	1,1067	1,372	0,7287	1,940	0,5156	0,21
0,78	0,1716	0,4142	0,5796	1,399	2,634	0,3796	-0,2931	0,2961	1,0393	1,346	0,7430	1,883	0,5311	0,22
0,77	0,1771	0,4208	0,5832	1,386	2,536	0,3943	-0,2913	0,3036	0,9745	1,320	0,7575	1,830	0,5465	0,23
0,76	0,1824	0,4271	0,5867	1,374	2,445	0,4090	-0,2889	0,3109	0,9149	1,295	0,7722	1,780	0,5620	0,24
0,75	0,1875	0,4330	0,5900	1,363	2,360	0,4237	-0,2858	0,3178	0,8573	1,271	0,7867	1,732	0,5774	0,25
0,74	0,1924	0,4386	0,5931	1,352	2,281	0,4384	-0,2820	0,3244	0,8026	1,248	0,8016	1,687	0,5928	0,26
0,73	0,1971	0,4440	0,5961	1,343	2,208	0,4529	-0,2775	0,3306	0,7504	1,225	0,8166	1,644	0,6082	0,27

TABELA B
Funções de *P*

P (ou Q)	*A* *PQ*	*B* $\sqrt{PQ}$	*C* *PQ/Y*	*D* $\sqrt{PQ / Y}$	*E* *P/Y*	*F* *Y/P*	*G* *2Y/P*	*H* *Y*	*I* *2Y/Q*	*J* *Y/Q*	*K* *Q/Y*	*L* $\sqrt{P / Q}$	*M* $\sqrt{Q / P}$	*Q* *(OU P)*
0,72	0,2016	0,4490	0,5989	1,334	2,139	0,4075	-0,2725	0,3366	0,7006	1,202	0,8318	1,604	0,6236	0,28
0,71	0,2059	0,1538	0,6015	1,326	2,074	0,4822	-0,2668	0,3423	0,6532	1,180	0,8472	1,585	0,6391	0,29
0,70	0,2100	0,4583	0,6040	1,318	2,013	0,4967	-0,2605	0,3477	0,6078	1,159	0,8628	1,523	0,6547	0,20
0,69	0,2139	0,4625	0,6063	1,311	1,956	0,5113	-0,2535	0,3528	0,5643	1,138	0,8787	1,492	0,6703	0,31
0,68	0,2176	0,4665	0,6085	1,304	1,902	0,5259	-0,2460	0,3576	0,5227	1,118	0,8949	1,458	0,6860	0,32
0,67	0,2211	0,4702	0,6106	1,298	1,850	0,5405	-0,2378	0,3621	0,4828	1,097	0,9112	1,425	0,7018	0,33
0,66	0,2244	0,4737	0,6124	1,293	1,801	0,5552	-0,2290	0,3664	0,4445	1,078	0,9279	1,393	0,7178	0,34
0,65	0,2275	0,4770	0,6142	1,288	1,755	0,5698	-0,2196	0,3704	0,4078	1,053	0,9449	1,363	0,7338	0,35
0,64	0,2304	0,4800	0,6158	1,283	1,711	0,5845	-0,2095	0,3741	0,3725	1,039	0,9623	1,333	0,7500	0,36
0,63	0,2331	0,4828	0,6174	1,279	1,669	0,5993	-0,1989	0,3776	0,3387	1,020	0,9800	1,305	0,7663	0,37
0,62	0,2356	0,4854	0,6188	1,275	1,268	0,6141	-0,1876	0,3808	0,3061	1,002	0,9980	1,277	0,7829	0,38
0,61	0,2379	0,4877	0,6200	1,271	1,590	0,6290	-0,1757	0,3837	0,2748	0,9938	1,016	1,251	0,7996	0,39
0,60	0,2400	0,4899	0,6212	1,268	1,553	0,6439	-0,1621	0,3863	0,2447	0,9659	1,035	1,225	0,8165	0,40
0,59	0,2419	0,4918	0,6223	1,265	1,518	0,6589	-0,1499	0,3888	0,2158	0,9482	1,055	1,200	0,8336	0,41
0,58	0,2436	0,4936	0,6232	1,263	1,484	0,6739	-0,1361	0,3909	0,1879	0,9307	1,074	1,175	0,8510	0,42
0,57	0,2451	0,4951	0,6240	1,260	1,451	0,6891	-0,1215	0,3928	0,1611	0,9134	1,095	1,151	0,8686	0,43
0,56	0,2464	0,4964	0,6247	1,259	1,420	0,7043	-0,1063	0,3944	0,1353	0,8964	1,128	1,128	0,8864	0,44
0,55	0,2475	0,4975	0,6253	1,257	1,390	0,7194	-0,09043	0,3958	0,1105	0,8796	1,137	1,106	0,9045	0,45
0,54	0,2484	0,4984	0,6258	1,256	1,360	0,7351	-0,07382	0,3969	0,0867	0,8629	1,159	1,083	0,9229	0,46
0,53	0,2491	0,4991	0,6262	1,255	1,332	0,7506	-0,05650	0,3978	0,0637	0,8464	1,181	1,062	0,9417	0,47
0,52	0,2496	0,4996	0,6204	1,254	1,305	0,7662	-0,03843	0,3984	0,0416	0,8301	1,205	1,041	0,9603	0,48
0,51	0,2499	0,4999	0,6266	1,253	1,279	0,7820	-0,01960	0,3988	0,0204	0,8139	1,229	1,020	0,9802	0,49
0,50	0,2500	0,5000	0,6267	1,253	1,253	0,7979	-0,00000	0,3989	0,0000	0,7979	1,000	1,000	1,000	0,50